HISTOIRE

DE LA LEGISLATION

SUR

LES FEMMES PUBLIQUES.

IMPRIMERIE DE J. TASTU,
Rue de Vaugirard, n. 36.

HISTOIRE

DE LA LÉGISLATION

SUR LES

FEMMES PUBLIQUES

ET

LES LIEUX DE DÉBAUCHE.

PAR M. SABATIER,

AVOCAT.

*

La philosophie se mesle et parle librement de toutes
choses pour en trouver les causes, les juger et régler.

CHARRON, *de la Sagesse*, liv. I, ch. 22,
de l'Amour charnel.

*

Nouvelle Édition.

PARIS,

GAGNIARD, ÉDITEUR-PROPRIÉTAIRE,

QUAI VOLTAIRE, N. 15.

1830

DES
FEMMES PUBLIQUES

ET DES

LIEUX DE DÉBAUCHE EN FRANCE

SOUS LE RAPPORT DE LA LÉGISLATION.

DISCOURS PRÉLIMINAIRE.

Nostre bastiment et public et privé est plein d'imperfection....
En toute police, il y a des offices nécessaires, non-seulement
abjects, mais encore vicieux : les vices y trouvent leur rang, et
s'employent à la consture de nostre liaison, comme les venins à
la conservation de nostre santé.

MONTAIGNE, *Essais, liv. III, chap. I,
de l'utile et de l'honeste.*

La prostitution est aussi ancienne que le monde ; mais, d'après le témoignage de plusieurs auteurs de l'antiquité, c'est au réformateur des lois d'Athènes, à Solon, qu'il faudrait attribuer l'établissement régulier des lieux de débauche. Nicandre, médecin grec, dit dans le troisième livre des Choses remarquables de Colophon, sa patrie, que ce législateur est le premier qui ait bâti un temple à Vénus populaire; et le poëte Philemon, pénétré de l'utilité de cette institution, s'écrie avec l'accent de l'admiration et de la reconnaissance : « O Solon, tu as été vraiment le bienfaiteur du genre humain, car on dit que c'est toi qui as le premier pensé à une chose bien avantageuse au peuple, ou plutôt au salut public. Oui, c'est avec raison que je dis ceci, lorsque je considère notre ville pleine de jeunes gens d'un tempérament bouillant, et qui, en conséquence, se porteraient à des excès intolérables. C'est pourquoi tu as acheté des femmes et les as placées en des lieux où, pourvues de tout ce qui leur est nécessaire, elles deviennent communes à tous ceux qui en veulent. »

On ne permit pas d'abord aux prostituées d'Athènes, l'entrée de la ville et des temples; elles occupaient les avenues du Céramique, et les arcades du long portique qui s'offrait aux premiers regards de ceux qui s'embarquaient ou arrivaient au Pyrée. Un tribunal particulier jugeait leurs différends ; elles étaient assujetties à porter des robes brodées à fleurs; et, dans le principe, elles furent entretenues aux dépens de la république.

Accusera-t-on la mémoire de Solon ? Reprochera-t-on à ce grand homme un excès d'indulgence pour la faiblesse humaine ? Lui fera-t-on un crime des facilités qu'il crut devoir donner à la débauche ? De puissantes considérations se réunissent pour l'absoudre du blâme de la postérité. On ne saurait taxer d'immoralité, de condescendance pour le vice et d'incurie pour les mœurs, celui qui, chargé par ses concitoyens d'opérer une réforme générale, créa le tribunal auguste de l'Aréopage, pour veiller au maintien des règles de la bienséance et du devoir. L'ensemble de ses lois concernant les mœurs, suffirait pour le justifier. On sait que ces lois terribles, jalouses de la décence et de la morale publiques, condamnaient à la peine de mort l'Archonte qui, après avoir perdu sa raison dans les plaisirs de la table, osait paraître en public avec les marques de sa dignité, la femme surprise en adultère, celui qui avait facilité sa débauche, et l'homme qui sans motif s'introduisait dans le sanctuaire où les enfans étaient rassemblés ; défendaient à la femme coupable qui n'avait pas succombé sous le premier ressentiment du mari outragé, d'assister aux sacrifices publics, et l'exposaient, si elle enfreignait la défense, aux insultes et aux mauvais traitemens de la multitude ; excluaient des sacerdoces, des magistratures et charges de la république, de la tribune et de l'assemblée générale, le citoyen devenu fameux par la dépravation de ses mœurs ; notaient d'infamie la prostitution même, objet de sa tolérance, et dispensaient le fils de la courtisane de fournir des alimens à son père, comme ne lui étant redevable que de l'opprobre de sa naissance, et pour venger d'ailleurs le mépris de l'honnêteté et de la sainteté du mariage. La chaleur du climat, l'influence d'une religion qui, déifiant l'amour et la beauté, leur consacrait des temples et sanctifiait le plaisir par un culte solennel et de voluptueuses cérémonies ; la vie retirée des femmes, la permission que donnait la loi de tuer l'adultère pris sur le fait ; cette foule d'étrangers que les relations politiques et commerciales attiraient à

Athènes ; la crainte de laisser la pureté de la vie domestique en butte aux attaques d'une audacieuse incontinence ; le dessein d'affaiblir un vice honteux, contraire à la nature et funeste à la population ; toutes ces circonstances, non moins que les excès d'une jeunesse nombreuse, durent imposer à ce législateur philosophe la triste nécessité d'ouvrir à la débauche des répaires qui lui servissent en même temps de refuge et de limites. Une saine politique présida à cette entreprise ; il introduisit la règle dans un abus, pour en éviter de plus grands ; il ne craignit pas de heurter les mœurs pour les rendre meilleures ; pour diminuer la débauche, il organisa, il concentra la prostitution.

Je ne connais guère qu'un peuple chez lequel je ne sache point qu'il y ait eu des prostituées de profession ; ce sont les Lacédémoniens. Les lois de Lycurgue, en rendant toutes les femmes à peu près communes, en bannissant la pudeur des jeux des filles de Sparte, remplacèrent par la licence dans toutes les classes, la débauche publique établie chez les autres nations.

Il n'est que trop vrai que cet abus odieux a existé et existe partout; sous la Zone Torride et parmi les glaces des pôles; chez les nations les plus polies et chez les hordes sauvages. Son empire ne connaît point d'interruption; il a ajouté aux désordres, à la démoralisation des temps barbares, il souille les époques de la civilisation; et la raison, en interrogeant le mécanisme de l'ordre social, découvre dans l'existence de ce même abus, un mal honteux à conserver, impossible à détruire.

Consultez les monumens de l'histoire, lisez les récits des voyageurs, méditez les livres des moralistes, je n'en excepte pas les livres saints; vous y puiserez la conviction de ces tristes vérités.

Ici la prostitution se pare du manteau sacré de la religion; elle est un sacrifice, un hommage à la Divinité, une pratique de dévotion. Là, elle n'est pas une vertu religieuse, elle est encore un mérite. Ailleurs, on la regarde comme un état de la société, comme une profession légitime. Dans quelques pays, c'est un acte d'hospitalité. Chez les peuples policés, elle est un abus, un vice d'ordre social ; presque partout, une affaire d'intérêt.

A Babylone, toutes les femmes devaient se prostituer une fois dans leur vie, dans le temple de Vénus. Les femmes distinguées par leur rang ou leur fortune, peu jalouses de s'abandonner au premier venu, se faisaient porter dans des litières à l'entrée du temple , accompagnées d'une nombreuse troupe de valets, prêts à comprimer les élans de dévotion dont leurs maîtresses pouvaient être l'objet. Celles qui n'avaient pas assez de crédit pour éluder la loi, se présentaient couronnées de fleurs ; elles n'avaient le droit ni de refuser l'argent qu'on leur donnait comme une offrande à la déesse, ni de rejeter le choix qu'on faisait d'elles ; et il ne leur était permis de quitter le temple, qu'après avoir consommé le voluptueux sacrifice. Cette cérémonie religieuse s'observait dans les îles de Chypre, de Cythère, de Lesbos et dans d'autres lieux.

Chez les Lydiens, les filles n'avaient le droit de se marier qu'après avoir gagné leur dot par la prostitution.

A Héliopolis, les parens les prostituaient

aux étrangers pour s'assurer de quoi vivre. L'empereur Constantin ne put parvenir par les lois les plus sévères à y abolir cette infâme coutume. Il réussit à arrêter le cours des dévotions impures, des obscénités sacriléges dont le temple d'Aphaque, en Palestine, était le théâtre ; il fit détruire, jusqu'aux fondemens, cet asile de débauche et de dissolution, renversa les idoles, et prévint par de terribles menaces le retour du culte impudique qu'on y célébrait.

A Corinthe, les prêtresses de Vénus étaient des courtisanes ; on adressait des prières aux dieux pour leur multiplication ; elles contribuaient à la prospérité de cette ville célèbre par ses monumens, ses richesses, ses fêtes et ses plaisirs.

Si on examine des usages plus récens, ou qui du moins se sont perpétués jusqu'à nos jours, on voit que dans les royaumes de Cochin et de Calicut, les vierges cédent leurs prémices aux dieux ou à leurs ministres. Les Canariens de Goa les prostituent à une idole de fer.

Dans le Bengale, on marie tous les ans une jeune fille d'une beauté distinguée à la statue

de Jagreunat; un bramine s'introduit dans
le temple à la faveur des ténèbres, et consomme le mariage.

En Arabie, on voit sur les grands chemins
des femmes qui s'offrent aux pélerins qui vont
à la Mecque, pour en avoir des enfans, auxquels un pareil commerce imprime un caractère de sainteté.

A Alger, une femme est honorée lorsqu'un
Marabout veut bien se donner la peine de la
violer.

Les Bayadères de l'Inde, si renommées par
leur beauté, leurs grâces et leurs danses las-
cives, ornemens du culte de Brama, semblent
destinées à perpétuer celui de la volupté
chez des peuples courbés sous le double joug
de la mollesse et de l'esclavage politique.

Dans le royaume d'Astracan, au Thibet,
à Madagascar, et dans d'autres pays, une
fille ne trouve à se marier qu'après avoir
perdu sa virginité. Les plus débauchées sont
celles qui s'établissent avec plus de facilité.

A Mindanao, l'une des Philippines, il y a
un officier public dont les fonctions consistent à faire disparaître en personne les obstacles que la nature oppose aux plaisirs des

maris. Il faut croire pour l'honneur des vierges du pays que cette place est sujette à de
fréquentes mutations.

Dans le royaume de Golconde, l'une des qua-
rante-quatre tribus qui composent le peuple
est celle des femmes de débauche, dont on
distingue deux sortes, l'une de celles qui ne
se prostituent qu'aux hommes d'une tribu su-
périeure, l'autre des femmes communes qui
ne refusent leurs faveurs à personne. Elles
tiennent cette infâme profession de leurs ancêtres, qui leur ont transmis le droit de
l'exercer sans honte. Les filles de cette tribu
qui ont quelques agrémens sont élevées dans
l'unique vue de plaire; les plus laides sont
mariées à des hommes de la même tribu,
dans l'espérance qu'il naîtra d'elles des filles
assez belles pour réparer la disgrâce de leurs
mères. D'après Tavernier, on comptait, dans
la seule ville de Golconde, plus de vingt mille
prostituées. Elles sont tenues de se faire ins-
crire sur le livre du *Deroga* ou chef de la
police, pour avoir le droit d'exercer leur
métier. Elles ne paient point de tribut au
roi, mais elles sont dans l'obligation d'aller
chaque vendredi, avec leur intendante et

leur musique, danser devant le monarque, s'il est au balcon de son palais. Le soir, à la fraîcheur, on les voit devant leurs maisons faites en forme de huttes; la nuit, elles mettent à la porte pour signal une chandelle ou une lampe allumée. Le roi trouve son intérêt à tolérer un si grand nombre de femmes publiques; il se consomme à leur occasion une quantité immense de *tari*, qui est la principale liqueur du pays, dans les boutiques ou cabarets du voisinage, et cela donne un revenu considérable au monarque.

Au Japon, la prostitution est très-commune; les femmes publiques y sont très-nombreuses, les lieux destinés à les recevoir toujours près des temples, et le concours du public aussi considérable aux premiers de ces endroits qu'aux autres. Les courtisanes habitent les plus jolies maisons de la ville, situées dans des quartiers qui leur sont spécialement affectés. Les pauvres habitans de l'île de Saikof, qui produit les plus grandes beautés du pays, à l'exception des femmes de Meaco qui les surpassent, placent leurs filles dans les *mariams* ou lieux publics de débauche, moyennant un prix qui varie en raison de l'âge et de la beauté. On les instruit dans les arts d'agrément, on cherche à leur donner toutes les qualités nécessaires au genre de vie qu'elles sont obligées de mener. Elles sont d'autant mieux vêtues et logées, qu'elles procurent plus d'avantage à leurs maîtres. Il y a un tarif public pour leurs faveurs, et il ne peut rien être exigé au-delà sous de fortes peines. Ce commerce n'est pas moins très-lucratif, au point qu'à Meaco les hôtes des parthénions ne peuvent tenir chacun plus de deux filles publiques, de peur qu'ils n'amassent de trop grandes richesses. Comme ces filles sont généralement bien élevées, il leur est facile de trouver un mari, et dès-lors elles ne sont point regardées avec mépris; le crime de leur vie passée n'est pas mis sur leur compte, on l'impute à leurs parens qui les ont dévouées toutes jeunes à cette profession, et avant qu'elles fussent en état d'en choisir une plus honnête. Les proxénètes au contraire, quelque riches qu'ils deviennent, ne sont jamais reçus dans la compagnie des honnêtes gens; on les traite comme les gens les plus bas de la lie du peuple; on les oblige d'envoyer leurs domestiques pour aider l'exécuteur de la haute justice dans ses opérations. Kempfer (*Histoire du Japon*, in-fol., tom. II, pag. 7, 8, 153 et 154), à qui j'emprunte ces détails, ajoute qu'à cause du grand nombre de prostituées qu'il y a au Japon et de la protection dont elles jouissent, les Chinois ont appelé ce pays le bord.. de la Chine.

Des voyageurs prétendent que la prostitution est interdite dans ce dernier empire; d'autres disent le contraire, et nous apprennent que les femmes publiques doivent se munir d'un brevet qu'accorde le souverain, ou le gouverneur de la province où elles veulent exercer cet état. L'une et l'autre assertion peut être fondée : la débauche publique prohibée en principe dans les contrées de l'Europe, n'y existe pas moins au mépris des lois; et peut-être en est-il de même chez ce peuple singulier, que les relations des voyageurs ne nous ont fait connaître encore que d'une manière très-imparfaite.

Les femmes publiques sont si communes en Perse, qu'elles ont dans les villes des quartiers et un gouvernement particuliers; leurs noms indiquent le prix qu'on met à leurs faveurs ; on ne dit point la *Zaïde*, la *Fatime*, mais la *douze tomans*, la *vingt tomans* ; c'est comme si l'on disait en France, la douze louis, la vingt louis. Elles n'ont pas toutes des noms aussi chers. On compte dans la ville d'Ispahan jusqu'à douze mille de ces prostituées.

En général, les peuples sauvages qui manquent des idées et des habitudes morales, qui sont le fruit de l'état de société, attachent peu de prix à la retenue et à la chasteté des femmes. Parmi certaines tribus du Kamtschatka, les hommes, lorsqu'ils reçoivent un ami chez eux, regardent comme un devoir indispensable de politesse, de lui offrir la jouissance de leurs femmes ou de leurs filles ; ce serait faire un affront à son hôte que de refuser cette civilité.

Sur la côte de Guinée, dans quelques îles de la mer du Sud et dans plusieurs autres contrées du globe, les habitans sont dans l'usage d'offrir pour quelques légers présens leurs femmes aux étrangers qui passent dans leur pays.

Le Lapon, honteux de sa difformité, engage l'hôte qu'il reçoit à lui procurer des enfans d'une espèce moins faible et moins imparfaite.

Cook rapporte que les femmes de l'île de Pâques se prostituaient dans la même heure à une foule de matelots.

Les hommes les plus distingués des peuplades de Taïti et des îles environnantes ne craignent pas d'épouser les filles qui ont eu des amans; et malgré cela, il y a des prostituées de profession.

Chez les Jalofs, les Foulis, les Mandingos et autres peuples d'Afrique, où les coupables d'adultère sont vendus pour l'esclavage étranger, la rigueur de cette loi n'empêche pas que la plupart des nègres ne se trouvent honorés que les blancs daignent coucher avec leurs femmes, leurs sœurs et leurs filles; ils les offrent souvent aux officiers des comptoirs.

A Juida, on consacre des filles au serpent fétiche, c'est-à-dire aux plaisirs des prêtres. Ceux-ci, dans certaines circonstances, ordonnent une prostitution générale, pour rendre les dieux favorables.

Les premiers habitans du Mexique vivaient librement avec toutes les femmes jusqu'au jour du mariage.

Les Illinois, les Iroquois et autres peuples
de l'Amérique septentrionale, ne gardent
aucune mesure dans le commerce des fem--
mes qui sont aussi d'une lascivité sans
bornes.

Nos missionnaires nous apprennent que
parmi les Hurons, les jeunes gens des deux
sexes s'abandonnent à toutes sortes de dissolutions. On est loin de faire un crime aux
filles de s'être prostituées; leurs parens sont
les premiers à les y engager ; et l'on voit des
maris en faire autant de leurs femmes pour
un vil intérêt.

En Europe, la prostitution tour à tour
permise, favorisée, proscrite ou tolérée,
subsiste au milieu des progrès toujours crois-
sans des lumières et de la civilisation, malgré la sévérité des religions modernes et la
perfection progressive des lois de police.

A Venise, le gouvernement avait mis les
femmes publiques sous sa protection, il ne
souffrait pas qu'on les insultât ou que l'on
manquât aux conventions que l'on avait faites avec elles; d'un autre côté, il veillait avec
soin à ce que les personnes qui fréquentaient
les lieux de débauche, y trouvassent sûreté

et tranquillité. On y allait aussi librement que dans la maison la plus décente ; un nouveau venu demandait-il quelqu'une de ces demeures, les gens du peuple s'empressaient de l'y conduire; les ecclésiastiques, les moines s'y présentaient sans difficulté.

Lorsque le commerce fut déchu à Venise, cette nouvelle Corinthe plaça ses ressources dans son carnaval et ses courtisanes; elle sacrifia l'intérêt des mœurs à l'argent des voyageurs. Cet état de choses avait encore pour principe l'ancienne forme du gouvernement, dont la tyrannie sombre et soupçonneuse pesant sur les nobles, cherchait à s'attacher le peuple en tolérant toutes sortes de spectacles et d'amusemens. Il y a plus d'un siècle, le conseil des Dix bannit toutes les courtisanes de la capitale et même des terres de la république, mais il reconnut bientôt que la sévérité ne convenait plus à l'état actuel des mœurs. Les jeunes nobles, les bourgeois, le peuple même se portèrent pendant leur absence aux plus grands excès; ils forcèrent les maisons, les couvens même; les femmes et les filles honnêtes n'étaient plus en sûreté chez elles. Le gouvernement ne vit d'autre moyen d'arrêter le désordre que de faire revenir au plutôt les courtisanes, de leur assigner des maisons et un certain revenu pour vivre, en attendant qu'elles pussent y pourvoir par leur industrie [1]. « A Venise, dit le marquis d'Argens, la débauche publique est un commerce qui a ses règles et ses maximes. De dix filles qui s'abandonnent, il y en a neuf dont les mères ou les tantes font elles-mêmes le marché, et conviennent long-temps d'avance du prix de leur virginité, pour les livrer dès qu'elles auront atteint l'âge propice. Il y a un nombre étonnant de courtisanes. Elles jouissent d'une pleine liberté, et parviennent souvent à s'acquérir une grande considération parmi le peuple. Elles vont dans les couvens de religieuses voir les sœurs de ceux avec qui elles sont en commerce, et en reçoivent beaucoup de caresses, qui sont toujours suivies de présens consistant en confitures et en *agnus*. La débauche s'y accorde dans tous les états avec la religion ; on s'y livre par principe de con-

---

[1] Amelot de La Houssaïe, *suite du gouvernement de Venise*, pag. 99 et 100.

science, afin d'avoir les moyens de se faire religieuse. »

La Hollande a ses *musicos*, sales tabagies, crapuleux repaires où l'on voit l'ordre régner jusque dans le désordre le plus fangeux; l'observation des lois, le respect du droit de propriété unis à une violation manifeste de la liberté individuelle, des règles de la décence et des sentimens de l'humanité. « Le voyageur contemplatif observe avec surprise, dit l'Anglais John Carr, que dans un pays en apparence aussi mécaniquement moral et aussi régulier que la Hollande, il y ait des vices qu'on attendrait à peine du gouvernement le plus lâche et le plus corrompu. Dans le sein des plus belles villes, on trouve de ces lieux qui surpassent en infamie tout ce qui est connu chez les autres nations; des lieux dans lesquels l'horrible singularité d'un joug féroce, uni à la prostitution, est publique, permise et autorisée. Vers dix heures du soir, dans une rue des bas quartiers de Rotterdam s'ouvrent ces maisons dégoûtantes; les violons et la danse annoncent leur approche. Mon domestique de place m'y conduisit un soir; il s'arrêta devant une

d'entre elles, et m'introduisit dans une salle
en tirant un rideau placé devant la porte,
près de laquelle, sur une petite élévation
appelée orchestre, étaient deux violons. Sur
des bancs, à l'autre bout de la chambre, se
trouvaient sept à huit femmes, fardées et
dans toute leur parure ; larges boucles d'argent, robes de mousseline plissées, massives
boucles d'oreille dorées, et des joyaux du
même métal autour de la tête ; plusieurs paraissaient déjà très-fanées. Dès que je fus
entré, on plaça devant moi un verre et une
bouteille de vin, des pipes et du tabac ; je
donnai un florin ; c'est le prix de l'admission.
Ces misérables femmes étaient non-seulement prostituées, mais prisonnières et condamnées à demeurer dans le repaire du vice ;
on ne leur permet jamais de passer le seuil
de la porte, à moins qu'elles ne parviennent à se racheter elles-mêmes sur le salaire
de leur métier. La façon dont on les entraîne dans ces maisons est digne d'observation. Celui qui les tient entend parler de
quelque fille qui a contracté des dettes, et
c'est presque toujours pour fournir à une
parure au-dessus de ses moyens, et se mon-

trer avec avantage dans les concerts ou ailleurs. Il trouve moyen de l'approcher, il la plaint, la console, lui offre de l'argent pour payer ses créanciers; il se met à leur place, et bientôt il la fait saisir, la conduit à son repaire et reçoit le prix de son malheur et de son ignominie. Ces actes doublement infâmes sont tolérés par le gouvernement; ils durent depuis longues années et sont passés en usage sans paraître blesser le peuple en aucune manière. »

On a entendu parler des scrupules religieux des courtisanes d'Espagne et d'Italie dans l'exercice de leur métier; mon respect pour les choses saintes m'interdit tout détail à ce sujet.

L'Angleterre et la France fourmillent de prostituées. Là, comme ailleurs, c'est au sein des grandes villes, sentines impures de tous les vices, dépôt hideux de toutes les immondices sociales, que pullule cette funeste et malheureuse engeance.

Sur quatre cent cinquante mille femmes que M. Colqu'houms, juge de paix, estimait pouvoir être à Londres, il en comptait cinquante mille livrées à la prostitution : c'est un neuvième. Il les partage en quatre classes : la première, composée de femmes qui ont été bien élevées, dont plusieurs sont filles d'ecclésiastiques, devenues orphelines et réduites à l'indigence; leur nombre n'excède pas deux mille : la deuxième, de femmes au-dessus de l'état de domestiques à gage, trois mille : la troisième, de femmes de différentes professions dans la société, et qui vivent en partie de prostitution avec des hommes avec qui elles ne sont point mariées, vingt-cinq mille : la quatrième est composée de femmes qui ont été domestiques et vivent uniquement de prostitution avouée, vingt mille.

Paris est à la fois la capitale du monde civilisé et le *mauvais lieu* de l'Europe. Cette ville, moins peuplée, mais plus centrale que Londres, renferme plus de courtisanes et de prostituées en raison de leur population comparée. En effet, à Paris, elles en forment le huitième; or, sa population femelle étant évaluée à 356,998 personnes, il faudrait en compter près de 45,000 livrées à la prostitution. Je ne saurais préciser quel est là-dessus le nombre de celles qui, faisant métier de se prostituer, n'ont pas d'autres moyens d'existence, et auxquelles s'applique spécialement la dénomination de filles ou femmes publiques; ce qu'il y a de certain, c'est qu'il est très-considérable, et beaucoup plus que certains documens administratifs ne voudraient le faire entendre. Ce qui inspire un profond effroi, disait l'auteur du *Tableau de Paris*, c'est que si la prostitution venait à cesser tout-à-coup, vingt mille filles publiques périraient de misère, les travaux de ce sexe malheureux ne pouvant pas suffire à son entretien, ni à sa nourriture.

D'autres ont observé que sur environ cent mille femmes, de l'âge de dix huit à trente ans, qui sont dans la capitale, le quart au moins compose la classe de ces êtres dégradés.

En 1813, le nombre de celles qui étaient *inscrites* à la police n'était que de dix-sept cents; il montait à près de trois mille en 1819, et il va toujours en augmentant.

Dans les grandes villes de la plupart des États de l'Europe, les lieux de débauche sont très-nombreux et répandus dans tous les quartiers indistinctement. Indépendamment des femmes habituellement publiques, la prostitution a une foule d'autres élèves, d'autres suppôts. De jeunes ouvrières ou domestiques, moitié par besoin ou vanité, moitié par libertinage, vont chez des femmes qui joignent d'une manière occulte à l'exercice d'une profession quelconque, le trafic infâme de la prostitution. Dès que la nuit commence à couvrir l'horizon, les prostituées du dernier rang se répandent par troupes dans les rues; cuirassées d'impudence, souvent pressées par la faim, elles provoquent, elles arrêtent les passans; leurs cyniques importunités ne respectent ni le jeune âge, ni la vieillesse. Pour comble de scandale, il est des pays où une police largement salariée, inquisitoriale et dévote, ne fait presque rien pour réprimer de tels attentats à la morale publique. Que dis-je! la police spécule sur la licence; sous le prétexte de droits de visite, d'obtention de cartes d'autorisation, elle prélève un impôt sur les prostituées; elle les force à prendre des patentes, des brevets de crapule et de libertinage; elle ne rougit pas de disputer en quelque sorte à ces malheureuses un pain de douleur et d'opprobre.

A Paris, chaque maison de débauche est

taxée à douxe francs par mois, pour le prix de visites du médecin. Les filles publiques, qui vivent isolément, paient trois francs par mois.

S'il était besoin d'autres preuves de l'antiquité et de l'universalité du fléau de la débauche publique, je les trouverais dans les causes mêmes qui le produisent et le perpétuent.

C'est une chose avérée que dans la plupart des contrées de l'Afrique et de l'Asie, il naît plus de filles que de garçons. Bruce (*Voyage aux sources du Nil*, liv. I) croit qu'en prenant le terme moyen sur trois ou quatre cents familles au hasard, le résultat serait de trois femmes pour un homme, dans l'étendue de 50 degrés sur 90 qui partagent le globe. Dans ces climats, les femmes enfantent à neuf, dix et onze ans; il est rare qu'elles engendrent à vingt; à cet âge, elles vieillissent, tandis que l'homme est encore dans toute la vigueur de la jeunesse, et éprouve toute la puissance du besoin physique de l'amour. « La raison ne se trouve donc jamais chez elles avec la beauté. Quand la beauté demande l'empire, la raison le fait refuser; quand la raison pourrait l'obtenir, la beauté n'est plus. » (Montesquieu, *Esprit des lois*, liv. XVI, chap. II.) L'usage de fiancer les époux dès leur enfance, excluant toute influence des sentimens sur le choix, écartant de l'imagination des individus des deux sexes, toute idée de préférence, rend superflu le consentement des femmes, et amène bientôt le dégoût et l'indifférence. Il est aisé de juger que la loi qui ne permet d'épouser qu'une femme, ne vaudrait rien pour ces pays; elle entraînerait mille inconvéniens : la polygamie est nécessaire. Aussi la religion et les lois l'ont-elles admise. Devenue un objet de luxe chez des nations riches et voluptueuses, elle a donné lieu à la clôture des femmes, et cet usage tyrannique a beaucoup contribué à l'établissement de la prostitution publique au milieu de ces peuples que la loi même de la pluralité des femmes semblait devoir en préserver.

Dans les climats froids et tempérés, les naissances des garçons excèdent celles des filles. Cette disproportion numérique entre les deux sexes n'est pas générelement assez grande pour faire adopter la loi de plusieurs maris. Le nombre des femmes étant à peu près égal à celui des hommes, la loi d'une seule femme s'est naturellement établie. En revanche, les femmes conservent plus long-temps leur fraîcheur, et leur fécondité est d'une plus longue durée que dans les pays chauds. L'état de choses existant dans les climats froids et tempérés serait donc favorable à la liberté des femmes et à la continence publique. Mais, si l'on considère qu'on ne s'y marie le plus souvent qu'à un âge éloigné de la puberté, de cette époque de la vie où la surabondance de forces qui agite les sens de l'homme lui révèle le besoin d'une compagne, on trouvera, dans cette contradiction des institutions sociales avec la nature, l'un des motifs de la prostitution publique dans les contrées de l'Occident.

Il y a moins de prostitution dans certains pays chauds que sous des climats tempérés. Cela tient aux effets combinés du climat et des mœurs.

Il y a peu de prostituées en Turquie; et ce sont le plus communément des filles grecques. Les juifs, les navigateurs européens, les chrétiens du pays, sont presque les seuls qui les visitent. Les Turcs, jaloux, dédaigneux, ont de la répugnance pour les restes des autres. La facilité qu'ils ont de se procurer des femmes à prix d'argent dans les bazars, a fait proscrire la débauche publique. Mais un musulman d'une fortune bornée ne peut se pourvoir de cette manière, et d'un autre côté, il court risque de la vie en allant voir une prostituée chrétienne; il a recours à la pédérastie.

« Il y a tant de libertinage à Gênes, dit l'auteur des Lettres sur l'Italie, qu'il n'y a pas de filles publiques. (*Lettre* XXe.) Ici, dit-il, en parlant de Rome, la débauche privée est si grande qu'on ne connaît point de débauche publique; elle n'est pas nécessaire. » (*Lettre* LXXIXe.) C'est ce qui rendit facile à Sixte-Quint l'expulsion des courtisanes, à laquelle semblait devoir s'opposer le célibat obligé, si considérable dans les États romains. Aujourd'hui, les suppôts de la prostitution sont en petit nombre et se tiennent dans leurs maisons, parce que la police pontificale les surveille avec rigueur et punit avec sé-

vérité les moindres atteintes à la décence
publique.

A Naples, où l'on pourrait sans beaucoup
d'inconvénient proscrire les femmes publiques, on les tolère ; d'après l'écrivain que
je viens de citer, elles n'ont rien qui les distingue ; elles sont mêlées dans leur sexe.
(*Lettre* CIII⁰.)

Il n'en est pas de même dans la plupart
des autres États de l'Europe. Cette confusion
est bien loin d'exister, quelque galanterie et
quelque facilité qu'il règne dans les mœurs.
Les climats tempérés comportent une certaine retenue, dont la transgression est punie
par le mépris public. Une juste déconsidé-
ration est le partage du vice qui se montre
à découvert; l'indulgence que réclame l'état
de la société est calculée selon le degré d'in-
fraction aux règles du devoir et de la bienséance; on repousse du commerce de la vie
ces femmes dégradées que les lois ont long-
temps flétries et sur lesquelles l'opinion dé-
verse l'infamie. Il suit de là que la débauche,
sans moyens d'existence, est nécessairement
un art, une profession qui doit les procurer;
et que les femmes qui ont le malheur de s'y

livrer, n'ayant aucun rang dans la société, forment une classe particulière, objet d'op- probre et de pitié. Instrumens dangereux des voluptés dont elles ont de bonne heure épuisé la coupe légère, elles les subissent plutôt qu'elles ne les partagent, pour s'as- surer une subsistance précaire, pour sou- tenir une vie honteuse, que rend plus misé- rable l'ostracisme moral qui pèse sur leurs têtes. En butte à toutes sortes d'humiliations, d'avanies, de mauvais traitemens, victimes de leurs propres excès, on les dirait vouées par état à toutes les souffrances, à une fin prématurée. Si le sentier de la vie se pro- longe pour elles, de suppôts actifs de la débauche, elles en deviennent les proxé- nètes obligées, l'encouragent par leurs con- seils, l'aident de leur manége, corrompent l'innocence ; et après avoir ainsi surchargé des forfaits d'une odieuse complicité la masse de leurs turpitudes passées, elles terminent des jours remplis d'ignominie sur un grabat, en proie à toutes les douleurs, tourmen- tées par le remords, en horreur à elles- mêmes et à la société condamnée à por- ter dans son sein des êtres aussi funestes

au bonheur des familles et à la morale publique.

Indépendamment du climat et des mœurs,
d'autres causes de la prostitution sont dans
les principes de la formation des sociétés et
dans la nature des gouvernemens.

En consacrant le droit de propriété, la
législation civile a posé le plus sûr fondement de l'ordre social, et comme les moyens
d'acquérir varient pour les individus en raison de leurs facultés physiques et morales, la
même loi qui proclama le droit de propriété,
sanctionna l'inégalité dans les fortunes. Le
système contraire de l'égalité, possible dans
l'enfance des sociétés, ou convenable à de petits États, n'a enfanté que des malheurs dans
les grandes républiques, et a trouvé toujours
son écueil dans les progrès de la civilisation
qui amènent les arts et le luxe. Les lois de Lycurgue ne subsistèrent qu'un temps, et l'on sait
que les Gracques payèrent de leur tête le projet de renouveler la loi agraire. D'un autre
côté, comme toutes choses dans ce monde
ont leurs inconvéniens, l'inégalité des richesses a ses fatales conséquences. Otant tout aux
uns pour ne rien laisser aux autres, modérée

dans les États libres , plus prononcée dans les pays d'esclavage , elle multiplie les besoins factices du riche et gêne le pauvre dans ses besoins réels, rend difficiles les charges du mariage , l'interdit à beaucoup d'individus , en retarde l'époque pour un plus grand nombre. L'homme au sein de l'ordre civil est forcé de demander à la loi l'épouse que la nature lui destine. Dans l'attente du bienfait qu'il sollicite , ou dans la crainte des obligations qu'il entraîne , est-il toujours le maître de commander à ses sens? Vaincu par l'exigence de ses désirs , il cède à leur empire et s'abandonne dans le char rapide des voluptés. De là , les séductions, le viol , l'adultère, les écarts de l'amour, ses fureurs et ses assassinats. La douceur des mœurs , la vengeance des lois ne peuvent prévenir le retour continuel de ces criminels excès.

Ils seraient bien plus fréquens, si la prostitution ne rétablissait jusqu'à un certain point cette communauté de jouissances dont beaucoup d'individus se trouvent privés par l'inégale distribution de la propriété. Or, dans les sociétés , un besoin quelconque est à peine reconnu , qu'il se trouve des gens pour le satisfaire, et que l'intérêt s'agite pour le favoriser. En vain la morale désavoue, les lois contrarient ou punissent ; le mal cède en apparence aux moyens qu'on lui oppose, il mine sourdement les barrières qui le contiennent et finit par les renverser avec éclat ; la misère, les illusions de là vanité, l'appât de l'or, lèvent tous les scrupules, franchissent tous les obstacles, bravent à la fois l'animadversion publique et la rigueur des peines.

Le pouvoir absolu, dont les exemples influent si puissamment sur les mœurs des peuples, nous présente rarement dans ses annales des époques où ils aient produit leur amélioration. Et cependant, « pour soutenir les mœurs, il faut des exemples, et ces exemples doivent émaner de ceux qui sont à la tête du gouvernement. Plus ils tombent de haut, plus ils font une impression profonde. La corruption des derniers citoyens est facilement réprimée et ne s'étend que dans l'obscurité, car la corruption ne remonte jamais d'une classe à l'autre ; mais, quand elle ose s'emparer des lieux où réside le pouvoir, elle se précipite de-là avec plus de force que les lois elles-mêmes : aussi n'a-t-on pas craint d'avancer que les mœurs d'une nation dépendent uniquement de celles du souverain[1]. » Dans les Etats monarchiques, le goût du souverain pour les femmes se répand successivement dans tous les rangs de la société. Les femmes appelées à la cour, instrumens fragiles de l'ambition des grands, donnent le spectacle de désordres qui se propagent avec rapidité ; le libertinage descend jusqu'aux dernières conditions, et résiste d'autant plus aux remèdes du législateur, que ceux-là même qui voudraient guérir le mal en sont les premiers auteurs, l'entretiennent par leur conduite et disposent ainsi à l'oubli des lois faites pour le combattre. Ajoutons que le despotisme, en concentrant le pouvoir et les richesses dans les mains du petit nombre ; en faisant regorger les uns de superfluités, tandis que les autres manquent du nécessaire ; en exposant la pauvreté aux tentations du luxe, aux vices de l'opulence, aux passions des classes élevées, amène la corruption

[1] Anacharsis, *Introduction au Voyage de la Grèce,* p. 272, édit. in-12.

des mœurs et augmente la débauche publique.

Ainsi la prostitution est un vice d'ordre social, qui tient à un besoin primitif de l'homme, qu'il cherche partout à satisfaire. La partialité nécessaire des institutions humaines, le luxe, la contrainte, le goût du plaisir et son inconstance, ont produit cet abus, qui s'est accru par les exemples corrupteurs des personnes puissantes, par le défaut d'éducation des femmes du peuple et la dépravation des mœurs. C'est un désordre né du sein même de l'ordre, et qui le maintient sous certains rapports dans le monde social, comme les discordes des élémens assurent leur conservation dans le monde physique. C'est pour la paix de la société que nous avons des peines de sang, des bourreaux et des femmes publiques.

Les causes que je viens d'assigner à la prostitution étant permanentes, les effets ont dû être constans. Pour concevoir sa non-existence, il faudrait se transporter par la pensée dans le pays des chimères; substituer aux calculs d'une raison sévère les rêves brillans de l'imagination; remonter au temps fabuleux de l'âge d'or, ou tout au moins rappeler les vertus des temps antiques; supposer le désintéressement, l'égalité dans les fortunes et cette pureté de mœurs qui régnait l'égale et l'auxiliaire du plus beau patriotisme. Ces idées sont-elles compatibles, au sein de la civilisation moderne et dans des siècles d'égoïsme et de dépravation, avec ces gouvernemens à vastes territoires ou qui se livrent au commerce; dont le principe est l'absolutisme; dont l'ame est cette inégalité tranchante qui soumet les masses aux vices et à la tyrannie du petit nombre, et qui rend les mœurs molles, efféminées, déréglées dans les uns, basses, serviles et faciles à corrompre dans les autres?

La débauche publique est donc un abus qu'on ne peut empêcher absolument, et qui a son utilité réelle. On est généralement d'accord sur la première de ces propositions, et aux preuves que j'en ai rapportées, on peut en ajouter une, qui s'induit de l'inefficacité des lois et des réglemens multipliés qui, dans plusieurs pays, ont eu pour objet de le détruire. Quant à la seconde, des esprits droits, par réserve ou timidité, n'osent l'avouer; les gens superficiels l'admettent ou

la contestent sans examen ; des hommes ins-
truits se montrent ingénieux à la combattre ;
il se trouvera des personnes qui n'y verront
qu'une mauvaise plaisanterie, et je ne serais
pas du tout étonné que des moralistes farouches, des rigoristes sans quartier, des
marchands de maximes puritaines, et des
ames aussi douces que pieuses, que cette
seule idée révolte, ne la regardent comme
un outrage à la morale, et ne la proscrivent
comme un blasphème. Pour mettre en repos
la conscience des autres et la mienne propre,
je n'invoquerai pas les maximes de cette philosophie moderne dont on pourrait réputer
les arrêts mal sonnans, hérétiques et sentant
le libertinage ; je m'appuierai des autorités
les plus orthodoxes ; je ferai valoir le témoignage de Pères de l'Eglise, recommanda-
bles par leurs vertus autant que par leur
profond savoir. « Retranchez les femmes publiques du sein de la société, disait saint
Augustin, la débauche la troublera par des
désordres de tout genre [1]. Les prostituées,
ajoutait-il, sont, dans une cité, ce qu'est un

____

[1] *Lib. II, de Ordine, cap.* 4.

cloaque dans un palais; supprimez le cloaque, le palais deviendra un lieu malpropre et infect [1]. » Saint Thomas faisait un devoir aux souverains de les tolérer [2]. Et si les gouvernemens ont pratiqué cette tolérance, c'est parce qu'ils ont eux-mêmes reconnu que la prostitution est un de ces maux qu'il faut souffrir pour en éviter de plus grands, une plaie sociale dont l'entretien est aussi essentiel à la conservation des mœurs qu'à l'ordre public. Ne pouvant extirper l'abus, ils ont dû se borner à le circonscrire, à en atténuer les conséquences; s'attacher à en diminuer, et les ravages physiques, et le scandale qui est la plus forte atteinte que puisse recevoir la morale publique.

Je me suis imposé la tâche de rassembler les lois et réglemens qui existent en France sur cette matière. Je commencerai par jeter un coup-d'œil sur les lois romaines qui y sont relatives. Il sera tout au moins curieux de connaître les principes et les usages qu'a-

[1] T. XVII, *lib. IV, pars prima*, opusc. 20, p. 184.

[2] Somme, II, 2e part., quest. 10, art. II, p. 26.

vait adoptés sur ce point un peuple dont le corps de droit a été en général le type des législations modernes.

LÉGISLATION ROMAINE.

*

Vix artibus honestis pudor retinetur; nedum inter certamina vitiorum pudicitia aut modestia, aut quidquam probi moris reservaretur.

A peine les moyens honnêtes maintiennent la décence des mœurs : comment, dans ce conflit de tous les vices, la pudicité, la modestie ou la moindre ombre de vertu aurait-elle pu se conserver ?

TACITE, Annal., liv, 14 ; traduct. de Gallon La Bastide.

*

TANT que la domination de Rome fut bornée dans l'Italie, ses habitans, restés simples et pauvres, offrirent à l'admiration des hommes le spectacle de toutes les vertus. La ville éternelle n'était point encore la reine des cités et la maîtresse du monde ; elle était le sanctuaire de la liberté, du patriotisme et des mœurs. Ce n'est pas qu'elle fût exempte du fléau de la prostitution ; l'encens en l'honneur de Vénus populaire fuma toujours dans l'enceinte des mêmes remparts où des vierges entretenaient le feu sacré de Vesta. Mais, dans les plus beaux temps de la république, tandis que les lois régnaient; que des censeurs, magistrats austères, étaient investis du pouvoir de corriger les abus qu'elles n'avaient point prévus ou que le magistrat ordinaire ne pouvait punir, et de réformer les désordres publics et domestiques, la débauche publique eut un frein salutaire dans le respect qu'avaient en général les citoyens pour l'honnêteté et la décence. Les guerres lointaines, les richesses de l'Asie et ces principes de la secte d'Épicure, que Fabricius avait souhaité de voir adopter par tous les ennemis de sa patrie, corrompirent les Romains. Le luxe, la mollesse, l'amour de l'or et des voluptés, gagnèrent et pervertirent toutes les classes : leurs vices, après avoir eu occasion d'éclater dans le tumulte et au milieu des horreurs des guerres civiles, se montrèrent sans crainte dans le calme et les délices de la paix. La fréquence des adultères, un célibat scandaleux, un libertinage effréné, suivirent de près les dépouilles qu'apporta la victoire, et contribuèrent à venger les maux de l'univers.

La loi de l'esclavage, en donnant aux particuliers les moyens de satisfaire la variété de leurs désirs sans sortir de leurs maisons, semblait devoir écarter la prostitution. Elle en fut une cause très-active, parce que les désordres domestiques finissent par éclater et infectent la société.

Les lois qui réglaient l'union des sexes, ces lois au moyen desquelles un peuple conquérant renouvelait sa population moissonnée par des combats continuels, concoururent, en autorisant des noces non solennelles et le concubinage, à la dépravation des mœurs et au développement de la prostitution.

Le mariage jouissait à Rome d'une considération et d'effets civils plus ou moins étendus, selon les formes dans lesquelles il était contracté. Celui qui se faisait par le sacrifice de la *confarréation*, c'est-à-dire par l'usage du même pain que mangeaient les époux lors de la cérémonie, était regardé comme le plus honnête ; c'était celui qui conférait le plus de droits à la femme, de même que les titres les plus respectables. Le mariage par *usucapion*, moins respecté, et auquel on donnait le nom de demi-mariage, se formait par la simple cohabitation d'un an, pourvu qu'il n'y eût pas une interruption de trois jours consécutifs : il devint fréquent par le relâchement des mœurs. Le concubinage n'avait rien d'absolument honteux; il passait pour une troisième espèce de mariage; les lois l'appelaient une coutume licite. Cependant, cet état, dont la légalité ne reposait que sur l'intention apparente de ceux qui l'embrassaient; dont l'existence n'était déterminée que par la présomption de leur volonté, *ex solá animi destinatione*, ainsi que s'en exprime le législateur, prenait la dénomination de noces non juridiques, *injustæ nuptiæ*. La concubine n'était pas épouse, elle en tenait la place; elle en était distinguée par les vêtemens; les enfans, quoique admis dans le commerce des autres citoyens, ne faisaient point partie de la famille de leurs pères; ils n'en héritaient point; et lorsqu'il ne fut permis de prendre en concubinage que des femmes de condition servile, ou nées de parens obscurs, ou qui d'une naissance illustre auraient dégénéré en se livrant à la prostitution, en exerçant d'autres métiers

également bas et méprisables [1], les concubines furent envisagées d'un œil défavorable;
on les distingua peu des prostituées; la débauche publique n'étonna plus les mœurs,
elle en fit partie.

Flora, fameuse courtisane, lègue des
biens immenses à la ville de Rome, à condition qu'on établira des jeux publics en son
honneur. Après quelque hésitation de la part
du sénat, la libéralité est acceptée et le testament s'exécute à la lettre [2]. C'était au printemps qu'avaient lieu ces fêtes renommées.
On y voyait les courtisanes, le corps entièrement nu, parcourir les rues au son des
trompettes, se répandant en propos ob-
scènes et se livrant aux attitudes les plus las-
cives; elles disputaient le prix de la course,
du saut, de la danse, et combattaient avec
des hommes également nus, à la manière

---

[1] *Leg.* 1, § XI, *leg.* 3, § *unic.*, et *leg.* 4, § *unic.*,
ff. tit. VII, *de Concubinis; leg.* 24, ff. *de Ritu Nuptiar., leg.* 5, *Cod. ad Senatusc. orphitian.;* Terrasson,
Hist. de la Jurispr. rom., sur les lois 21 et 22, § VII,
Cod. Papyrien.

[2] Lactance, *lib. I, cap.* 20.

des gladiateurs [1]. On chercha dans la suite à ennoblir ces jeux impudiques en faisant passer leur institutrice pour la déesse des fleurs [2]; l'indécence continua d'y présider. On sait que Caton-le-Censeur assistant à ce spectacle, et s'apercevant que sa présence y causait de la gêne, se retira au milieu des applaudissemens de la multitude [3].

On peut juger, par cette institution, des mœurs de Rome et des progrès de la débauche sur la fin de la république.

Des savans ont contesté avec quelque fondement l'origine qu'assigne Lactance à cette solennité; ils s'accordent tous pour en attester la licence et l'obscénité.

Ce n'était pas seulement dans les jeux de Flore que les courtisanes jouaient un rôle; les Romains étaient dans l'usage de les produire sur la scène [4]. Elles figuraient dans les représentations de l'enlèvement des

[1] Rosin, *Antiq. rom.*, liv. XI, p. 191; liv. V, p. 364.

[2] Ovide, *Fastes*, liv. V.

[3] Valère Maxime, *lib. II*, chap. 7, n. 1.

[4] Tite-Live, liv. II.

Sabines, et se prostituaient après que les
jeux étaient finis ; aussi plusieurs auteurs
de l'antiquité ne mettent-ils aucune différence entre les théâtres et les lieux de débauche. Tertullien va jusqu'à dire qu'un
héraut annonçait à haute voix, tout en faisant un éloge détaillé de leurs charmes, les
noms de ces victimes de la prostitution, leur
demeure et le prix qu'il fallait mettre à leur
complaisance. Elles étaient si nombreuses,
qu'outre les places qu'elles occupaient dans
l'intérieur des salles de théâtre, elles rem-
plissaient la scène et l'avant-scène, pour être
plus exposées aux regards des spectateurs.
Pompée, après avoir fait la dédicace de son
théâtre, vit qu'il avait ouvert un asile à la
débauche, et le convertit en un temple qu'il
consacra à Vénus, afin de prévenir, par cette
apparence de religion, le reproche qu'il crai-
gnait que les censeurs ne fissent à sa mémoire[1].
Le peuple obligeait ordinairement les prostituées qui jouaient les mimes, de se montrer

[1] Bulenger., *de Theatro*, *lib. I*, p. 292 et suiv. ;
Rosin, *Antiq. rom.*, *lib. V*, p. 353 ; Juste-Lipse,
Elector., liv. I, p. 600.

toutes nues sur la scène, de s'y livrer à tous les mouvemens désordonnés de la licence la plus lascive, et d'y demeurer jusqu'à ce que les yeux des spectateurs fussent rassasiés de cet étrange spectacle. Jusqu'alors, du moins, tout était simulé; mais Héliogabale, au rapport de Lampride, contraignit les mimes à lui procurer le plaisir de la réalité, et l'on vit sur les théâtres à Rome de véritables adultères.

Les entremetteuses (*lenæ*) figuraient dans les bacchanales [1].

La théogonie des anciens, née sous des climats favorables aux jeux de l'imagination, ouvrage de peuples doués d'une extrême sensibilité, se prêtait avec une merveilleuse fécondité à tous les besoins, à toutes les passions de l'humanité. Vénus présidait au plaisir; fidèles à son culte, les courtisanes de Rome célébraient des fêtes en son honneur; elles lui offraient de l'encens, du myrte, des roses, et lui demandaient la beauté et la faveur du peuple, l'art de plaire et celui de séduire [2]. Elles adressaient plus parti-

[1] Scot, *Antiq. rom.*, p. 188.

[2] Court de Gebelin, *Monde primitif*, t. IV, p. 385

culièrement leurs hommages à Marsyas, Hermès, Pertunda, Volupia, qu'on représentait sous les traits d'une jeune fille foulant aux pieds la vertu, et à d'autres divinités inférieures. Le front ceint de fleurs pâles, et comme pour imiter les gladiateurs qui, après avoir obtenu leur liberté, suspendaient leurs armes au temple d'Hercule, elles déposaient sur les autels de leurs dieux, autant de couronnes qu'elles avaient commis la nuit d'actes de débauche. Elles ne se bornaient pas toujours à de telles offrandes : c'est auprès de la statue de Marsyas que Julie, fille d'Auguste, peu contente d'avoir porté ses prostitutions jusque sur la tribune aux harangues où son père avait fait publier les lois les plus sévères contre le crime d'adultère, allait s'abandonner à la canaille de Rome[1]. Ces dévotions de la débauche causeront peu de surprise, si l'on pense aux mystères de la bonne déesse que célébraient les dames romaines, et dont Juvénal a tracé l'impudique tableau avec cette épouvantable énergie d'expressions et

---

[1] Pline, liv. XXI, chap. 2 ; Juste-Lipse, *Antiq. lection.*, liv. III ; p. 493.

d'images qui n'appartient qu'à ce sublime
satirique. Quels excès d'intempérance, de
folie et de lubricité ! Et ces saintes et téné-
breuses orgies avaient lieu dans les maisons
des grands ! et leurs femmes se faisaient un
devoir d'y participer ! Certes, Cybèle n'avait
rien à envier aux dieux de la prostitution.

Les lieux où les femmes publiques exerçaient leur infâme commerce, étaient ordinairement dans des quartiers retirés, dans
des rues détournées, près des murs de la
ville, aux environs du Cirque, des théâtres,
du Stade. Plusieurs d'entre elles étaient attachées aux jeux qu'on célébrait dans ces
établissemens ; d'autres étaient employées
dans les bains publics, dans les cabarets, qui
n'étaient le plus souvent que des maisons de
débauche[1]. L'intendant des plaisirs de la cour
de Néron, Pétrone, nous a laissé une des-
cription assez détaillée de l'intérieur de leurs
demeures : elles étaient distribuées en plusieurs corridors où l'on marchait entre deux

---

[1] Juste-Lipse, *Elector.* 23 ; Juvénal, *Satyr.* 3 ;
Lampride, *Vie d'Héliogabale ;* Bulenger., *de Cirq.*
rom. ludisque cirq. opusc., p. 191.

4

rangs de cellules remplies d'acteurs des deux
sexes ; le tribut de la prostitution était perçu
d'avance ; les femmes, les hommes même se
présentaient dans un état complet de nudité.
De vieilles femmes, agens expérimentés, allaient solliciter les hommes et employaient
toutes sortes de ruses pour les attirer [1]. Lorsqu'il se formait un nouvel établissement de
ce genre, on le faisait connaître au public, en
plaçant au-devant de la porte une lampe ou
un pot à feu : c'était l'enseigne de la maison.
Cet usage provenait de ce que, dans le principe, les femmes publiques auxquelles il était
défendu d'exercer leur métier avant la neuvième heure du jour, qui était celle à laquelle
les femmes honnêtes se renfermaient chez
elles, se voyaient obligées, pour se faire
remarquer pendant la nuit, de se poster près
des édifices habituellement illuminés [2].

L'étymologie du nom qu'on donnait aux
lieux de débauche prenait sa source dans la
fable de l'allaitement de Romulus et Rémus

[1] *Satyr. de Pétrone,* édit in-8. de Dur., p. 361 ;
Lexiq. de Martin, *verbo* Scortum.

[2] Juste-Lipse, *Elector.,* liv. I, p. 587.

par une louve. Cette louve était *Accia-Lau-rentia*, femme du berger qui recueillit les deux enfans exposés sur les bords du Tibre, et à qui la beauté de ses formes et la voracité connue de son appétit charnel avaient attiré cette qualification de la part de ses voisins. Les femmes publiques qu'on voulut rendre odieuses par une comparaison convenable à leur vie brutale, furent appelées lou-ves, *lupæ*, et leurs demeures *lupanaria* [1]. Leurs chambres ou cellules étaient ordinai-rement construites sous terre et voûtées, *fornix ;* c'est de-là que dérive le mot *forni-cation*, qui, dans la langue latine et dans la nôtre, exprime le commerce illicite des deux sexes [2].

C'est dans ces réduits étroits, malsains, salis de la fumée des lampes, dont tout le mobilier consistait le plus souvent en une mauvaise paillasse avec une couverture rapiécée, que Messaline allait se livrer aux excès de la plus horrible luxure. Après avoir choisi les com-

---

[1] *Lexiq. de Martin, verbo* Lupanar. ; *Chroniq. de Conrad,* p. 7 ; Suidas, p. 468, 751.

[2] Bulenger., *Opusc. de Theatro, lib. I,* p. 251.

plices de sa lubricité, d'abord parmi les hommes d'une condition élevée, ensuite dans les rangs des prétoriens et des histrions, descendue aux dernières classes du peuple, l'impératrice, profitant du sommeil de l'imbécille Claude, quittait furtivement sa couche, couvrait ses cheveux noirs d'une perruque blonde, attribut de la débauche; et enveloppée d'une cape de nuit, accompagnée d'une esclave, elle pénétrait dans le réceptacle de la prostitution. Là, sous le nom de la courtisane Lycisca, nue, la gorge contenue dans des réseaux d'or, elle provoquait par ses caresses tous ceux qui se présentaient à ses regards, et livrait à leurs ignobles transports les flancs qui avaient porté Octavie et Britannicus [1].

Publius Victor [2] comptait à Rome jusqu'à quarante-cinq de ces maisons où se rendaient les courtisanes, et que Tertullien appelait les *consistoires* de la débauche publique. Et si l'on réfléchit qu'il y avait un nombre considérable de femmes qui faisaient séparément le

[1] Juvénal, *Satyr.* 6.
[2] *De urbis Romæ region.*

métier, on sera convaincu que cet abus
avait fait des progrès vraiment effrayans. Il
s'était propagé dans les camps, au mépris de
la sévérité de l'ancienne discipline, qui ne
permettait point aux femmes de suivre les
armées. La chose était venue à ce point que,
lorsque le jeune Scipion prit le comman-
dement en Afrique pour la troisième guerre
punique, jaloux d'introduire une prompte
réforme dans son camp, il en fit chasser une
foule de gens inutiles et deux mille femmes
publiques [1].

Les prostituées étaient distinguées des
autres femmes par le costume.

La tunique était commune aux hommes
et aux femmes; mais celle des courtisanes
comme celle des hommes ne descendait qu'à
mi-cuisse ou jusqu'aux genoux, tandis que
les honnêtes femmes la portaient plus longue.
Une dame romaine, dont la tunique ne serait pas tombée sur ses talons, aurait été
taxée d'immodestie; et l'air cavalier que lui
eût donné une pareille mise, l'aurait fait insulter impunément dans les rues. Il en était

---

[1] Valère Maxime, liv. II, chap. 2, tit. I.

de même, si elle prenait la démarche leste et les airs d'une courtisane; l'action en réparation des injures qu'elle se serait attirées lui était expressément interdite par les lois[1].

Dans le principe, la toge fut aussi commune aux deux sexes : dans la suite, les dames romaines portèrent par-dessus tout l'habillement une mante, dont la queue traînante, se détachant du corps depuis les épaules où elle était fixée par une agrafe, se soutenait à distance par son propre poids; la toge fut réservée aux hommes, aux femmes du peuple, aux esclaves et aux courtisanes, au point que, pour désigner ces dernières, on se servait indifféremment des mots *meretrices* ou *togatæ mulieres*[2]. La toge était ouverte par-devant; la robe des honnêtes femmes était fermée depuis le haut jusqu'au bas. Ce n'était que sur la scène que la courtisane ou l'actrice qui en faisait le personnage, pouvait

---

[1] Rosin, *Antiq. rom.*, col. I, p. 442, 449, 450, col. II, p. 443; Bulenger., *Opusc. de Theatro*, liv. I, p. 320, l. B.

[2] Ascon. Pædian., *sur la 3ᵉ Verrine*; Rosin, *Antiq. rom.*, liv. V, p. 434.

se revêtir de la mante ; une étoffe jaune était de rigueur. Il faut convenir que cette couleur a eu de tout temps une destination symbolique vraiment singulière. Le comédien qui jouait le rôle d'entremetteur s'affublait d'un vêtement bigarré, comme nous dirions d'un habit d'arlequin [1].

La mode avait affecté la couleur blanche aux souliers des femmes ; les courtisanes s'emparèrent du rouge [2], qui fut ensuite adopté dans toutes les classes, jusqu'à ce que l'empereur Aurélien eût réservé cette couleur pour lui et ses successeurs, à l'exemple des anciens rois d'Albe.

D'après Servius et Tertullien, les courtisanes seules portaient des perruques blondes. Leur coiffure était une mitre, moins coupée que celle de nos prélats, également ornée de deux pendans qu'elles ramenaient sur les joues : elles en conservèrent long-temps l'usage qui avait été général [3].

---

[1] Bulenger., *Opusc. lib. I*, p. 321.

[2] Rosin, *Antiq. rom., de calceis*, p. 459.

[3] Rosin, *Antiq. rom.*, liv. V, col. II, p. 444, l. F et suiv.

Il y a sans doute, a dit un écrivain, de quoi admirer le caprice du goût et la bizarrerie de la mode, qui ont placé sur la tête de nos évêques l'antique enseigne du vice, et coiffé les successeurs des apôtres du bonnet de la licence et de la prostitution.

La vertu avait son ornement particulier; c'était un ruban assez large qu'on tressait dans la chevelure, et avec les extrémités duquel on formait quelques nœuds.

Peu à peu disparurent toutes ces différences, toutes ces distinctions dans le costume des sages matrones et celui des prostituées. Tertullien se plaint que, de son temps, il n'en existait plus aucune, et que la ressemblance allait au point de s'y tromper [1].

Quand elles étaient observées, il était facile au licteur, dans sa marche, de remplir les devoirs de sa charge, en repoussant au loin les suppôts de la prostitution qu'il trouvait sur ses pas, pour éviter que la majesté du peuple romain ne fût en quelque sorte souillée dans la personne de ses premiers

[1] *Apolog., cap.* 6.

magistrats, par la rencontre de gens aussi méprisables [1].

Venons-en à la partie pénale de la législation.

En général, les Romains ont défini les objets des lois. C'est la première chose à faire quand elles prononcent des peines ; elle ne fut pas négligée dans le sujet que je traite.

La fille ou femme de mauvaise vie était celle qui, pour de l'argent, se prostituait à tous venans et sans choix ; que ce fût dans un lieu public de débauche ou dans une retraite particulière [2]. On rangeait dans cette catégorie la femme qui se prostituait pour satisfaire une passion désordonnée, quoiqu'elle n'exigeât aucun tribut de sa prostitution [3]. On n'y comprenait point l'épouse, parce qu'elle était coupable d'adultère, ni la vierge qui se laissait séduire, ni même la femme qui vendait ses faveurs à quelques individus [4].

---

[1] Juste-Lipse, *Elector.*, liv. I, p. 600.

[2] *Leg. palàm*, 43, ff., *de ritu nuptiar. in princip.*, et § 1.

[3] *Eâd. leg.*, § 3.

[4] *Eâd. leg.*, § 1 et 2.

Les entremetteurs et entremetteuses étaient ceux qui tenaient maison de débauche, et rassemblaient à cet effet des femmes trafiquant de leur corps; ceux qui tiraient profit de la prostitution de leurs esclaves ou de personnes libres; le cabaretier, l'hôtelier, le baigneur, qui avaient pour le service de leurs établissemens des filles ou femmes qui se prostituaient; et ils étaient réputés faire ce commerce, soit que ce fût leur unique occupation, soit qu'ils exerçassent en même temps un autre métier [1].

Toutes ces personnes étaient déclarées infâmes par la loi. La note d'infamie était encourue de plein droit par l'exercice de l'une de ces professions. C'était une espèce de mort civile : la libre jouissance de leurs biens leur était interdite; on les privait de la tutèle de leurs enfans; elles étaient incapables des charges publiques, n'étaient reçues à former aucune accusation en justice; leur serment y était refusé [2].

---

[1] *Leg.* 43, ff., *de ritu nuptiar.*, *lib. XXIII*, tit. II, *in princip.*, et § 7, 8 et 9; et *lib. III*, tit. II, § 2, *de his qui not. infamiâ.*

[2] ff., *leg.* 15 *et mul.*, *de curat. fur.*, etc., et ibi

Elles n'effaçaient point cette tache en changeant de conduite, si elles reprenaient leur premier genre de vie; car la turpitude, dit la loi, n'est point abolie par l'intermission [1].

La pauvreté n'était pas une excuse [2].

Cette ignominie atteignait la prostitution clandestine, et suivait même après son affranchissement l'esclave qui avait tiré du gain de la débauche des filles esclaves qui étaient dans son pécule [3].

Les courtisanes, pour avoir le droit d'exercer leur profession, étaient obligées d'en faire la déclaration aux édiles. Elles étaient inscrites sur des registres particuliers que tenaient ces officiers de police. Celles qui manquaient à cette formalité préalable, étaient condamnées à l'amende et bannies de la république. Nos anciens avaient pensé, dit Ta-

---

gloss.; leg. 12, *cui bono, de verb. obligat.; leg.* 4, *is qui, de accusat et inscript.; lib. III,* tit. II, *de his qui not. inf. et gloss.;* Lenocin., *in leg. qui judic. de accusat.*

[1] *Leg.* 43, ff., *de ritu nuptiar.,* § 4, tit. II.

[2] *Eâd. leg.,* § 5.

[3] *Id., leg.* 41, et *lib. III,* tit. II, § 3, *de his qui not. inf.*

cite [1], qu'il n'était besoin d'autre peine contre les femmes impudiques que de les forcer à déclarer ainsi leur infamie. On avait cru que la pudeur si naturelle au sexe et la honte d'un aveu public retiendraient au moins toutes celles qui ne seraient pas de la lie du peuple; on se trompa. La débauche força cette barrière. La corruption devint si grande, que des dames de la plus haute condition ne crurent point trop acheter la licence du désordre en se soumettant à une déclaration authentique; les registres publics se trouvèrent chargés de noms distingués, et qui déshonoraient des familles du premier ordre. On ne croirait pas à tant de dépravation et de scandale, s'il n'était attesté par le plus grave des historiens. Tibère, Tibère lui-même ne put en supporter l'excès. Il ordonna qu'on procédât par les voies de la justice. Un décret du sénat défendit aux femmes dont le père, l'aïeul ou le mari étaient ou avaient fait partie de l'ordre des chevaliers, de se prostituer; plusieurs dames romaines, entre autres Vestilia, qui comptait des préteurs

---

[1] *Annal.,* liv. II.

parmi ses ancêtres, furent punies par la relégation dans des îles lointaines; les femmes publiques furent privées du droit d'aller en litière, et confinées dans les lieux de débauche.

Mais, que peuvent les lois dans l'intérêt des mœurs, quand les mœurs sont ouvertement outragées par ceux même qui font les lois?

Déjà, Auguste avait donné l'exemple de cette inconséquence si commune dans la vie des souverains, si funeste à la morale des peuples. Il avait démenti par ses débauches la sévérité qu'il avait déployée dans les lois qu'il fit ou qu'il renouvela sur l'adultère, l'impudicité et les mariages. On n'ignorait point dans Rome qu'il avait acquis l'adoption de César au prix de son infamie; qu'il avait des liaisons coupables avec les femmes des personnages les plus distingués; que ses amis, l'impératrice Livie elle-même, lui procuraient à prix d'argent des femmes mariées et de jeunes vierges. On sut ce repas secret des douze divinités, où les convives étaient vêtus en dieux et en déesses, et où il représentait Apollon. Le bruit de cette orgie sacrilége qui eut lieu dans un temps de disette, avait soulevé l'indignation publique [1].

Tibère s'occupa de réformer les mœurs; et en même temps qu'il s'opposait à leur corruption, qu'il réprimandait dans le sénat un vieillard dissipateur et scandaleux, il passait la nuit à boire, servi par des filles nues dans la maison du sénateur qui le matin avait essuyé ses reproches; il créait une intendance des voluptés. Dégoûté des hommes et de lui-même, il se retire dans l'île de Caprée, et cruel jusque dans ses plaisirs, il fait de ce séjour, au milieu des arrêts de mort, des supplices et du sang de ses victimes, le théâtre des débauches les plus monstrueuses; il réunit dans l'enceinte des mêmes rochers les dissolutions de Lampsaque et l'horreur des gémonies de Rome [2].

Caligula, qui bannit les inventeurs de débauches qu'il voulait d'abord faire noyer dans le Tibre, viola Drusille, l'une de ses sœurs; eut un commerce criminel et suivi avec toutes; se plaisait à montrer sa femme

[1] Suétone, *Vie d'Auguste*, chap. 69 et suiv.
[2] Suétone, *Vie de Tibère*, chap. 35, 42 et suiv.

nue à ses amis, à déshonorer les dames
les plus distinguées en présence de leurs
maris. Il conçut et afficha une passion
extrême pour la courtisane Pyllaride. Ce
fut lui qui le premier imposa la prostitution;
il taxa les femmes publiques au prix qu'elles
exigeaient de leurs faveurs, et fit tenir pour
la perception de cet impôt des registres publics. Obéré par ses folles profusions, il osa
établir un lieu de débauche dans le palais
des Césars; des femmes libres, des jeunes
gens d'une naissance honnête furent placés
dans des cellules richement décorées; des
esclaves nomenclateurs allaient sur les places
publiques inviter la jeunesse et les vieillards;
s'ils manquaient d'argent pour payer leurs
plaisirs, on leur en prêtait à usure, et on
prenait leurs noms comme pour leur faire
honneur de ce qu'ils augmentaient le revenu
du prince [1].

Domitien privait les femmes déshonorées
de l'usage de la litière, du droit de succéder,
et il allait se baigner avec les prostituées du

[1] Suétone, *Vie de Calig.*, chap. 16, 24, etc.; Juste-
Lipse, *Polierc.*, liv. II, chap. 6.

dernier rang; et il vivait publiquement avec la fille de Titus, son frère [1].

Caracalla faisait enterrer vives trois vestales: il avait attenté à la pudeur de l'une d'elles.

Ces monstres couronnés se paraient, en montant sur le trône, des dehors de la vertu; ils affectaient le plus grand zèle pour la pureté des mœurs, et bientôt, corrompus par le pouvoir, entraînés par le torrent des voluptés, ils se livraient à la débauche la plus effrénée, se souillaient par les plus sales excès, et par l'éclat autant que par l'énormité de leurs dissolutions, fomentaient la débauche publique.

Raconterai-je les turpitudes plus abominables des Néron et des Commode? Les représenterai-je tout couverts du sang des Romains, courant pendant la nuit les cabarets et les mauvais lieux, en compagnie d'histrions et de corrupteurs de la jeunesse; se faisant servir à table par des femmes sans vêtemens comme sans pudeur; passant leur vie au milieu de nombreuses victimes de prostitution, de l'un et de l'autre sexe? Rome vit Néron épouser avec l'appareil le plus so-

____

[1] Suétone, chap. 8, 22.

lennel l'eunuque Sporus vêtu en impératrice.
Elle vit Commode, dans la pompe auguste
d'un triomphe, placer sur son char un vil et
misérable compagnon de débauche, se retourner sans cesse pour le baiser à la bouche,
monter ainsi au Capitole et visiter les temples.
Elle avait vu Messaline épouser publiquement, du vivant de Claude, un consul désigné, objet de sa cynique ardeur. Il serait
trop long de rapporter les affreux déportemens des Julie, des Césonie, et d'autres
femmes ou filles d'empereurs. D'ailleurs, les
faits sont connus, et la plume se refuse aux
détails [1].

Héliogabale sembla n'être monté sur le
trône que pour surpasser les débauches de
ses prédécesseurs. Son règne fut en quelque
sorte l'âge d'or de la prostitution. Il en pro-
tégea les suppôts, les honora de sa bien-
veillance, les combla de ses bienfaits. Il se
plaisait à racheter les prostituées des mains
de ceux qui tenaient maison de débauche,
et leur donnait la liberté. Il se revêtit d'ha-

---

[1] Suétone, *Vie de Néron*, chap. 26 et suiv., *Vie de Claude*, *id.*; Tacite, *Annal.*, liv. XI.

bits de femme pour se marier à un esclave qu'il éleva au comble des honneurs; sous ce costume, il fit le métier de courtisane. Il se donnait le soin que ses amis, ses cliens, ses esclaves même trouvassent toujours dans son palais les moyens de satisfaire leurs désirs. En voyage, son train était de six cents chariots remplis de prostituées, de proxénètes des deux sexes, de mignons et de ses compagnons de débauche. C'est pour de telles gens qu'il éprouvait un intérêt de prédilection, qu'il déployait une libéralité sans bornes. Tantôt, se cachant pour distribuer ses grâces, il parcourait, déguisé, tous les mauvais lieux, et y répandait l'or à pleines mains, en recommandant le silence sur ses largesses; tantôt, faisant éclater sa munificence, et rassemblant dans un lieu public tous les acteurs et courtiers de débauche, comme un général d'armée aurait convoqué ses légions; il les passait en revue, les haranguait, les appelait ses frères d'armes, dissertait longuement sur l'art des voluptés, et terminait cette parade scandaleuse en leur annonçant le donatif ou gratification militaire, et en appelant leurs souhaits pour la conservation de ses jours, afin qu'il pût long-temps leur renouveler. de telles faveurs. Un jour, il leur fit distribuer le blé des greniers publics. Il conçut le projet de confier les fonctions des préfets ou gouverneurs des villes, tant à Rome que dans les provinces, aux entremetteurs de la débauche publique; sa mort en prévint l'exécution [1].

Ce n'est pas de tels souverains que pouvaient émaner des réglemens et des lois capables de réprimer la débauche publique; l'infamie et la publicité de leurs vices qui ne furent que trop imités, en augmentèrent les progrès que les exemples des bons empereurs ne purent arrêter.

La dépravation était au comble; les mauvais lieux s'étaient multipliés; le nombre des femmes publiques s'était accru à l'excès; les désordres contre nature, extrêmement communs, avaient leurs écoles publiques.

Alexandre Sévère voulait employer la rigueur contre toutes ces débauches; par prudence, il se contenta d'en montrer sur

[1] Lampride, *Vie d'Héliogab.*, p. 108 et suiv.

certains points, et quant aux autres, de réduire le mal dans de certaines bornes. Il
commença par purger le palais impérial de
tous les ministres de débauche qu'Héliogabale y avait rassemblés, et les fit chasser
ignominieusement de Rome. Les uns furent
relégués dans des îles désertes ; les plus corrompus noyés dans la mer. Il fit défense à
ses trésoriers de recevoir le tribut qu'on retirait de la prostitution, et qu'on appelait
or lustral, comme s'il eût suffi de cette dénomination pour purger ce qu'il y avait de
honteux dans cet impôt, et d'odieux dans sa
perception ; le produit en fut employé aux
réparations du théâtre du Cirque, des égoûts
de la ville et d'autres ouvrages publics. Il
punit la prostitution par un nouveau genre
d'infamie, en faisant publier les noms de
toutes les femmes qui étaient reconnues s'y
livrer ou en être le soutien [1].

Les lois anciennes ne permettaient point
aux personnes nées libres de contracter mariage avec des femmes affranchies par ceux

---

[1] Lampride, *Vie d'Alexandre Sévère;* Lactance,
liv. VI, chap. 2, 3; Godefroi, *sur la loi 1, si quis, etc.*

qui tenaient maison de débauche [1]. Elles défendaient aux sénateurs et à leurs descendans, d'épouser des prostituées. Les noces furent absolument interdites à celles-ci par une constitution des empereurs Dioclétien et Maximien [2]. Plus tard elles furent prohibées entre les sénateurs et les filles de ceux qui tenaient maison de débauche [3].

L'effet de la plupart de ces prohibitions ne fut pas de longue durée [4]. Elles attestent l'extrême dépravation des Romains, et le degré d'avilissement dans lequel était tombé le premier corps de l'Etat. Les moyens employés pour combattre le désordre en dévoilent la gravité.

Constantin, se guidant par les principes du christianisme, pensa à corriger les mœurs, en dirigeant le pouvoir des lois contre les vices les plus opposés à l'honnêteté publique. Il renouvela et aggrava l'ancienne et salu-

---

[1] Tit. XIII, *ex corp. jur. Ulpian.*

[2] *Cod., lib. IX , tit. IX , § 20 , ad leg. Juli. de adulter.*

[3] *Cod., lib. V, tit. V, leg. 7.*

[4] *Nov. 78, cap. 3, nov. 147, cap. 6.*

taire rigueur du sénatus-consulte Claudien,
rendu contre les femmes libres qui s'aban-
donnaient à des esclaves. Il défendit le
crime contre nature, qui était devenu un
libre objet de commerce moyennant un tribut
payé au fisc; et s'il ne réussit pas à opérer
une réforme à cet égard, sa tentative fut
d'autant plus louable, qu'Alexandre Sévère
n'avait pas osé s'y livrer, et qu'elle effaça la
tache d'une tolérance manifeste qui couvrait
de honte le gouvernement[1]. Il punit du dernier supplice et par d'affreux tourmens, les
auteurs et complices du rapt de violence ou
de séduction; il fit fermer ou détruire les
temples les plus renommés par l'obscénité
de leurs mystères. Deux de ses lois atteigni-
rent indirectement la prostitution : celle par
laquelle, en limitant les causes de divorce,
il conserva dans leur nombre le courtage de
la débauche, et voulut que la femme convaincue de l'avoir exercé, fût privée de sa
dot et de tous gains nuptiaux[2]; et celle par

[1] *Cod., lib. IX*, tit. XI, *ad leg. Juli. de vi public.;
id.*, tit. IX , § 31.

[2] *Cod. Théodos., lib. III, tit. XVI, leg.* 1, *de repud.*

laquelle il exempta des peines de l'adultère, les maîtresses et servantes de cabaret, comme indignes, à cause de la bassesse de leur conduite, d'être régies par les mêmes lois que les autres citoyens [1]. Ce prince craignit sans doute qu'en sévissant contre les lieux de débauche en général, la licence irritée par la gêne ne se débordât avec plus de fureur, et ne déshonorât les maisons des particuliers. L'abolition des peines prononcées par la loi *Papia-Poppea*, contre le célibat, portait ses tristes fruits ; et d'autres monumens de la législation romaine, d'accord avec ceux de l'histoire, en révélant toute l'extension qu'a-vait prise l'abus de la prostitution sous ce rè-gne, montrent assez que les mesures violentes auraient été sans succès.

On en était venu à ce point, de vendre tous les jours, pour servir à la débauche, de pauvres filles qui avaient le malheur d'être de condition servile : la loi de l'escla-vage facilitait ce commerce infâme qui se faisait en plein marché. Les païens, pour

---

[1] *Cod.*, *lib. IX*, tit. *IX*, § 29, *ad leg. Juli. de adulter.*

tourner en dérision la religion chrétienne, dont les progrès leur étaient odieux, allaient jusqu'à se pourvoir d'esclaves chrétiennes, qu'ils vendaient aux pourvoyeurs de débauche. Cet état de choses détermina l'empereur Constance à ordonner par une constitution du mois de juillet de l'an 343, que les femmes ou filles nées dans le sein du christianisme ou nouvellement converties, qui seraient exposées en vente, ne pourraient être achetées que par des ecclésiastiques, ou du moins par des chrétiens qui eurent encore le droit de racheter celles qui se trouveraient dans les lieux de prostitution [1].

Théodose-le-Jeune déclara déchus de leur pouvoir légal sur leurs filles ou leurs esclaves, les pères et les maîtres qui voudraient les forcer à se prostituer : elles pouvaient réclamer contre cette violence auprès des évêques, des juges et des gouverneurs ; et si les pères ou les maîtres persistaient dans leurs sentimens criminels, outre la perte

---

[1] *Cod. Théodos.*, *leg.* 2, *lib. XV*, tit. VIII, *de lenonibus.*

de leur autorité, ils étaient condamnés à l'exil et aux travaux des mines [1].

Quelques années après, le même empereur et son collègue Valentinien résolurent d'abolir dans l'un et l'autre empire tous les lieux de débauche. Dans le préambule de la constitution qu'ils firent à ce sujet, ils reconnaissent que leurs prédécesseurs avaient été dans la déplorable nécessité de souffrir des gens dévoués au commerce de la prostitution ; ils qualifient de très-honteux le revenu qu'on en avait retiré jusqu'alors. Ils supprimèrent cet impôt ; défendirent à toutes personnes de faire à l'avenir le commerce de la prostitution, et établirent différentes peines en raison de la qualité des infracteurs, savoir : l'exil et les travaux des mines, contre ceux qui étaient de basse condition ; la perte des biens et des dignités, contre les personnes de condition honnête. Il fut permis à tout le monde de racheter et retirer des maisons de débauche les femmes esclaves qui y étaient retenues ; et il fut enjoint à tous

---

[1] *Cod. Théodos.*, *leg.* 2, *lib.* XV, tit. VIII, *de le-nonibus.*

les magistrats de veiller à l'exécution de cette constitution, sous peine, en cas de négligence, d'être punis corporellement et d'être condamnés à une amende de vingt livres d'or [1].

Justinien ajouta aux mesures de ses prédécesseurs; il augmenta les peines et se vit forcé de les augmenter de nouveau. C'est ce qu'il nous apprend lui-même dans la préface de la loi très-étendue qu'il publia sur cette matière; il y rapporte avec détail les faits qui provoquèrent sa sévérité. «Nous avons su, dit-il, que plusieurs de nos sujets poussés par une avidité aussi cruelle que honteuse, peu satisfaits de tirer profit du commerce réprouvé de la prostitution, se livraient à une conduite plus criminelle encore; que se répandant dans les provinces de l'empire et spéculant sur la misère et l'inexpérience des jeunes filles, ils parvenaient à les captiver en leur promettant de beaux vêtemens et autres choses de cette nature, et à les ame-

______

[1] *Novel.* 18, *de lenon.;* Godefroi, *Comment. sur la loi* 1, *liv.* XIII, *tit.* I; *Cod. Théodos., de lustrali collat. et sur la novel.* 14, *de lenon.,* n. *a.*

ner à Constantinople ; qu'ils les retenaient
dans leurs maisons au moyen de l'engage-
ment qu'ils leur faisaient souscrire d'y rester
tout le temps qu'ils jugeraient convenable ;
que ces infortunées, mal vêtues, mal nour-
ries, privées de leur liberté, étaient prostituées à tous venans et sans choix, sans rien
toucher de l'argent qu'elles gagnaient et que
les entremetteurs avaient l'inhumanité de
leur extorquer ; qu'on était même dans l'u-
sage de leur faire donner caution pour la
sûreté de ces traités illicites, par lesquels on
savait si bien les lier, qu'il arrivait souvent
que des hommes qui par pitié voulaient les
soustraire à leur malheureux sort et les épouser, ne pouvaient les arracher de ces sortes
de prisons, ou ne les obtenaient qu'à prix
d'or ; qu'on avait la scélératesse de prostituer
des filles qui n'avaient pas atteint leur dixième
année ; que toutes ces horreurs et tant d'autres ne se commettaient pas seulement dans
les quartiers reculés de la ville, primitive-
ment assignés à la débauche ; qu'elles avaient
lieu dans l'intérieur de la cité, dans les maisons voisines des temples, du palais impérial, et qu'elles se propageaient au dehors. »

L'empereur ajoute que bien qu'averti de cet état de choses, il n'a voulu statuer qu'après avoir ordonné des informations aux préteurs ; que le rapport de ces magistrats a pleinement confirmé ceux qu'on lui avait déjà faits, et il entre dans les dispositions de la loi.

Elle défend à toutes personnes d'avoir dans leurs demeures des filles ou femmes se livrant à la prostitution ; de corrompre ou de prostituer des filles ou femmes libres ou esclaves ; surtout d'attirer dans la débauche de pauvres filles, sous prétexte de leur donner des habits, des parures, ou de pourvoir à leur subsistance : elle ordonne que tous ceux qui faisaient cet odieux commerce à Constantinople en fussent chassés et bannis à perpétuité ; déclare nuls les cautionnemens fournis aux propriétaires des maisons de débauche ; oblige ceux-ci à rendre aux prostituées recouvrant leur liberté tout ce qui leur aurait été donné ; et porte qu'à l'avenir, s'il se trouvait encore dans Constantinople ou aux environs des entremetteurs de débauche, ils seraient punis du dernier supplice : elle prononce contre ceux qui loueraient leurs maisons une amende de dix livres d'or et la confiscation de la maison selon les circonstances; et contre les fidéjusseurs la peine de l'exil.

Justinien ordonna que cette constitution fût observée dans toutes les parties de l'empire [1].

L'impératrice Théodora voulut en cette occasion imiter le zèle de son mari pour la pureté des mœurs. Cette femme impudique, qui au mépris des lois était montée des planches d'un théâtre sur le trône des Césars, changea un ancien palais, situé sur le Bosphore du côté de l'Asie, en une maison de pénitence. Elle y fit renfermer cinq cents femmes publiques, dota cette retraite, la rendit magnifique et commode pour adoucir à ces malheureuses l'ennui de la captivité. Mais, soit qu'elles préférassent la mort à une vie exempte de crime, soit que la nouveauté du châtiment excitât leur désespoir, le plus grand nombre se précipita dans la mer pendant la nuit [2].

C'est là, je crois, le premier modèle de ces

---

[1] *Novel.* 14, *authent. col.* 3, tit. I, *de lenonibus.*

[2] Procope, *lib. I, de ædific. Justini.;* Lebeau, *Hist. du Bas-Empire,* t. IX, p. 58.

maisons de pénitence qui, dans la suite, furent établies dans plusieurs contrées de l'Europe.

Justinien pourvut encore à la police des bains publics qui, communs aux deux sexes, étaient des lieux de dissolution. Cet abus proscrit par Adrien, ensuite par Marc-Aurèle, s'était renouvelé sous Héliogabale et s'était maintenu depuis lors.

En résumé, les Romains regardaient la prostitution comme contraire aux principes de la morale; par raison, par politique, ils ne la défendirent jamais d'une manière expresse. L'intérêt de la société, le besoin d'être conséquent en commandèrent à la fois le blâme et la tolérance au législateur. Il fallait, tout en veillant à la pureté des mœurs, souffrir des désordres qui l'altéraient sans doute, mais qui prévenaient les atteintes plus graves qu'auraient pu lui porter la dépravation et l'incontinence des citoyens. D'un autre côté, le droit civil ne prohibant le commerce des deux sexes que par exception, et dans les cas qu'il détermine, ce commerce ne pouvait en général être considéré comme un délit; la circonstance qu'on en faisait métier, n'était pas un motif suffisant pour le prohiber; des défenses extrêmes, rigoureuses, auraient été incompatibles avec le caractère d'un peuple ombrageux et jaloux à l'excès de sa liberté; elles auraient enlevé à des femmes libres le droit odieux, mais le droit de disposer d'elles-mêmes. Quel moyen d'ailleurs d'en assurer l'effet? Bonnes dans les livres des moralistes, elles seront toujours déplacées dans un code de lois. On a dit depuis long-temps, et avec raison, qu'il vaut mieux n'avoir pas de lois que d'en avoir qui ne soient point observées. La note d'infamie attachée aux prostituées n'avait pas pour objet de détruire la prostitution, mais de la flétrir pour en modérer l'abus. « Interdire à la jeunesse tout amour des courtisanes, disait Cicéron, ce sont les principes d'une vertu sévère, je ne puis le nier; mais ces principes s'accordent trop peu avec le relâchement du siècle, ou même avec les usages et la tolérance de nos ancêtres. Car enfin, quand de pareilles passions n'ont-elles pas eu cours? Quand les a-t-on défendues? Quand ne les a-t-on pas tolérées? Dans quel temps est-il arrivé que ce qui est permis ne ne le fût pas [1]. » L'ancien usage attesté par les historiens, de condamner la femme adultère à se prostituer dans un lieu de débauche [2] suppose une tolérance même légale de la prostitution [3]. C'est moins contre la prostitution en elle-même que contre ses repaires et les personnes qui en faisaient le courtage, que furent dirigées les constitutions impériales que j'ai rapportées. Théodose-le-Jeune commença par remédier aux cas de violence; en punissant la prostitution forcée, il préluda en quelque sorte à l'abolition qu'il prononça, quelque temps après, des lieux de prostitution volontaire; la novelle de Justinien confirma cette législation et en étendit la pénalité.

[1] *Oratio pro Cœlio.*

[2] Socrate, *Scholast.*, liv. V, chap. 18.

[3] On la prostituait au son de la cloche. Cette coutume immorale, abolie par Théodose, a été conservée par les Africains d'Alger. Dans ce pays il y a une ferme des femmes publiques comme une ferme des jeux dans d'autres pays. Le mezouard ou fermier, lorsqu'une femme mariée tombe en faute, s'en empare et la livre au premier venu.

LÉGISLATION FRANÇAISE

AVANT 1789.

✳

Quelque respectables que soient les idees qui naissent immé-
diatement de la religion, elles ne doivent pas toujours servir de
principe aux lois civiles.

MONTESQUIEU, *Esprit des Lois, liv. XXVI, chap. 9.*

✳

LORSQUE Jules César , par sa politique
adroite autant que par le succès de ses armes,
eut soumis entièrement les Gaules à la puissance romaine, la Gaule proprement dite ,
subdivisée en plusieurs gouvernemens, devint une province de l'empire. Ses habitans
s'étaient montrés redoutables, on s'efforça
de les opprimer. Ils furent accablés d'impôts
arbitraires, de vexations de toute espèce; ils
perdirent leurs lois et leurs coutumes. Le
joug de Rome leur était odieux, et la haine
éclata souvent par la révolte. Cependant les

arts et la littérature adoucirent leurs mœurs;
ils finirent par adopter les usages et les lois
des vainqueurs. Tout fut romain dans le pays;
il ne manquait aux Gaulois que le titre et les
priviléges des citoyens romains; ces avantages leur furent accordés, de même qu'aux
autres peuples qui dépendaient de l'empire,
par la fameuse constitution de Caracalla.
Ainsi, pendant plus de cinq cents ans que
dura la domination des Romains dans la Gaule,
leurs lois et coutumes sur la débauche publique durent y être suivies. Leurs lois du
moins y furent observées, au temps même
où l'Europe était en proie aux barbares.
Salvien rapporte [a] qu'après que Théodose et
Valentinien eurent aboli les lieux de débauche, l'effet de cette loi se fit sentir en Occident. L'empire romain s'écroulait, ses lois
régnaient encore.

Les Goths se les approprièrent dans le
Code Alaric; mais ils montrèrent contre la
débauche publique, une sévérité qu'on ne
trouve point dans les lois romaines.

Toute fille ou femme mariée, qui était re-

____

[a] *Lib. VII, de gubernat. Dei.*

connue se livrer au métier de la prostitution, devait être arrêtée, condamnée à recevoir trois cents coups de fouet et bannie à perpétuité. Si elle reparaissait dans la cité, et qu'elle tînt la même conduite, on lui appliquait de nouveau trois cents coups de fouet, et on la mettait en service chez quelque personne pauvre, avec défense de paraître aux yeux du public.

Les pères et mères qui souffraient ce mauvais commerce de la part de leurs filles pour en tirer leur subsistance, étaient punis de cent coups de fouet.

Les filles ou femmes esclaves qui se prostituaient, étaient condamnées à trois cents coups de fouet, et il était fait défenses aux maîtres de les laisser rentrer dans la ville; leur négligence à cet égard leur faisait encourir la peine de cinquante coups de fouet, et les esclaves étaient adjugées aux pauvres.

Lorsqu'il était prouvé qu'elles s'étaient prostituées pour le profit du maître, celui-ci subissait le même châtiment auquel elles étaient soumises.

Le juge coupable de dissimulation, faiblesse ou connivence, encourait le fouet et l'amende [1].

Les Francs, en fondant la monarchie dans la Gaule, furent loin de gouverner avec autant de sagesse que les peuples qui les avaient devancés dans la conquête. Apportant du sein des forêts au milieu des débris de la civilisation romaine, leurs vertus grossières et leurs vices sauvages; inquiets, violens, avides, respirant la guerre et le brigandage, ces farouches déprédateurs firent de la France et de la maison royale un théâtre toujours inondé de sang et souillé de tous les crimes. Sous le poids de leur régime essentiellement militaire, les anciennes institutions se soutenant sans garantie, n'existaient que parce qu'elles avaient existé. Des princes féroces, débauchés, ignorans, pour posséder sans partage un royaume que la coutume faisait partager par le père entre ses enfans, excitaient les discordes civiles, employaient la violence, la perfidie et les assassinats. Des Frédégonde, des Brunehaut, opprobre de leur sexe, déshonoraient le trône par leurs cruautés et

----

[1] *Leg. Visigoth.*, 17, *lib. III*, tit. IV.

leurs déportemens. Les grands, infidèles à
leurs rois, constans dans leur ambition, ca-
pricieux tyrans , foulaient , outrageaient,
égorgeaient impunément un peuple malheureux. Le clergé plus ardent pour le temporel
que pour le spirituel, comblé de richesses
par le pouvoir dont il était l'appui, se mon-
trait sans retenue et sans mœurs [1]. Le voile
de l'ignorance s'épaississait sur tous les
yeux. La religion dépouillée de sa morale,
réduite à des pratiques, n'était guère plus
qu'un mélange de magisme et de supersti-
tions païennes. La justice était sans principe
et sans règle, les lois sans vigueur; la force
était tout : on conçoit que dans un tel état de
choses les mœurs de la nation se dépravè-
rent, que la licence fut extrême et le libertinage sans bornes.

Charlemagne voulut améliorer l'état social
et réformer les mœurs.

Le premier monument de la législation
française contre la débauche publique émane
de ce prince. Par un capitulaire de l'an 800,

____

[1] Grég. de Tours, *Hist.*, liv. IV, chap. 12; *Recueil
des Hist. de France,* t. II, p. 661, 662.

il prononça la peine du fouet contre les prostituées, et pour détourner ses sujets de leur accorder retraite, il ordonna que le maître de maison chez qui on trouverait quelqu'une de ces femmes serait contraint de la porter sur ses épaules jusqu'à la place du marché; qu'en cas de refus, il y serait conduit lui-même et fustigé avec elle. On attachait les coupables à un poteau; on les plaçait quelquefois dans une position très-douloureuse, et dans cet état ils subissaient leur peine [1].

Cette loi ne porte pas la peine du bannissement contre les femmes de mauvaise vie, ainsi que l'ont prétendu quelques auteurs: leur erreur vient de la fausse interprétation qu'ils ont donnée à un passage dans lequel l'empereur ordonne à ses officiers de rechercher dans les habitations royales et dans leurs propres demeures les femmes publiques et autres gens de débauche qu'on y amenait secrètement, *de les en chasser*, et de lui faire connaître ceux qui se permettaient une pa-

---

[1] Baluze, *Capitul. de Minister. palat.*, t. I, p. 342 et suiv., édit. de 1780; Ducange, *Dissertat. sur Joinville, verbo* Cippus.

reille conduite dans ses maisons des champs
et dans ses palais.

Les mœurs de la cour n'en furent pas
meilleures; car, au rapport de du Tillet [1], la
première chose que fit Louis-le-Débonnaire
après la mort de son père, « fut de nettoyer
» et réformer ladicte cour de cette ordure,
» cognoissant qu'elle infecte communément
» l'empire ou royaume. »

La rigueur humiliante déployée contre la
prostitution n'eut pas non plus de grands
résultats. La peine en fut augmentée par un
autre capitulaire. Les femmes d'un libertinage scandaleux furent condamnées à parcourir pendant quarante jours les campagnes,
nues de la tête à la ceinture, ayant sur le
front un écriteau qui énonçait la cause de la
condamnation [2].

On a vu que dès le temps de la conversion
des empereurs romains au christianisme,
les peines contre la prostitution furent aggra-
vées; il est à remarquer que l'austérité de sa
morale influa d'une manière non moins puis-

[1] *Recueil des Rois de France*, p. 43.
[2] Baluze, *Capitul.*, t. II, *col.* 1198 et 1563.

sante sur la législation française. Mais, que sert d'armer les lois contre les vices de la société, lorsqu'ils sont le fruit de son organisation autant que de la perversité humaine? Il ne suffit pas, pour détruire le mal, d'en combattre les effets, il faut remonter à la source, l'attaquer dans sa cause; et pendant plusieurs siècles, la France livrée au plus affreux régime politique, fut un vaste champ ouvert à tous les crimes et à tous les abus, que redoublait l'impunité. L'histoire a buriné en traits de sang les malheurs qu'enfanta le gouvernement féodal; c'est avec raison qu'elle l'accuse d'avoir dégradé l'humanité. Les usages les plus outrageans pour les mœurs, et aussi ridicules que barbares, s'établirent : je ne citerai en preuve que l'orgie obscène et sacrilége de la fête des fous, le combat judiciaire et la trève de Dieu, monumens éternels des extravagances, des forfaits et des calamités du moyen âge. Les rois, les seigneurs, les prêtres, moines et religieuses[1], offrirent au peuple de fréquens exemples de la plus pro-

____

[1] M. Dulaure, *Histoire physique, civile et morale de Paris*, t. II, p. 115 et suiv.

fonde immoralité. L'honneur des femmes et des filles n'était nulle part en sûreté. Quand elles passaient près des abbayes, les moines les enlevaient et soutenaient l'assaut plutôt que de lâcher leur proie; s'ils se voyaient trop pressés, ils apportaient sur la brèche les reliques de quelques saints; presque toujours les assaillans saisis de respect se retiraient et n'osaient poursuivre leur vengeance[1]. Au milieu de cette horrible licence et du désordre général produit par les troubles de l'Etat et les guerres étrangères, les suppôts de la débauche se multiplièrent partout. La prostitution n'emporta plus note d'infamie; elle devint une profession reconnue, autorisée et soumise à des règles. Les filles publiques formèrent une corporation qui avait ses réglemens, ses coutumes ou priviléges. Tous les ans, elles célébraient la fête de sainte Madelaine leur patrone et faisaient une procession solennelle[2]. Elles eurent des lieux destinés à l'exercice de leur métier, qu'on ap-

[1] Sainte-Foix, *Essais historiq.*, t. II, p. 108.

[2] Sauval, *Antiq. de Paris*, t. II, p. 617; *Répert. de Jurisp.*, t. I, p. 834.

pela *bordeaux* ou *clapiers*. Ceux qui tenaient ces maisons reçurent le nom de *maquereaux* et *maquerelles* [1].

[1] Le mot ancien *bordeau*, dont on a fait *bordel*, fut composé, selon quelques auteurs, des deux mots *bord* et *eau*, parce que les lieux de débauche furent d'abord situés au bord des fleuves ou rivières. (Bouchel, *Bibliothèq. du Droit français*, t. I, p. 382.) D'autres disent qu'il vient du mot saxon *bord*, que les Français avaient conservé, et qui signifie loge ou maisonnette ; ce qui indiquerait la petitesse des repaires de la débauche, qui étaient, sous ce rapport, une imitation des lieux voûtés qu'habitaient les courtisanes de Rome. On les appela *clapiers* par allusion à ces trous souterrains où se cachent et nichent les lapins. (*Traité des Coutumes anglo-normandes*, t. I, p. 18 et 19; Desessarts, *Dictionn. de Police*, verbo Femme, p. 580.) Quant au mot *maquereau*, les uns croient qu'il vient de l'hébreu *machar*, qui signifie vendre, parce que c'est le métier de ces sortes de gens de vendre les faveurs des filles qu'ils ont l'art de séduire. Il en est qui le dérivent d'*aquarius* ou d'*aquariolus*, parce que, chez les Romains, les porteurs d'eau se mêlaient communément des intrigues de débauche, et en étaient les messagers moins suspects, par l'entrée qu'ils avaient dans les maisons des particuliers et dans les bains publics : ceux qui sont pour cette étymologie prétendent que d'*aquariolus* nous avons fait, en y ajoutant la lettre *m*, *maquariolus*, et que de-là s'est formé le nom

Pour établir une distinction entre les honnêtes femmes et les filles publiques, Louis VIII défendit à celles-ci de porter certains ajustemens, et spécialement des ceintures dorées. On ne tint point la main à l'exécution de ce réglement, et tout alla comme avant qu'on l'eût publié. Les honnêtes femmes s'en consolèrent par le témoignage de leur conscience ; et c'est de-là qu'est venu le proverbe : *Bonne renommée vaut mieux que ceinture dorée.*

de *maquereau*. Il en est enfin qui le tirent d'un autre mot latin *macalarellus*, parce que dans les anciennes comédies, à Rome, les proxénètes de la débauche portaient des habits bigarrés ; et ils étayent leur opinion sur ce que ce nom n'a été donné à l'un de nos poissons de mer que parce qu'il est mélangé de plusieurs couleurs sur le dos. (Desessarts, *idem*, p. 581 ; Bulenger., *Opuscul.*, liv. I, p. 320.)

Ces termes *bordeau*, *bordel*, *maquereau*, etc., mal sonnans, désavoués par le bon ton, ont été long-temps usités dans les actes législatifs et judiciaires, de même que dans les livres et le langage ordinaire. Aujourd'hui même les légistes s'en servent, tant à cause de leur propriété que pour éviter des circonlocutions dont la longueur n'est pas le seul défaut. Cette explication me fera pardonner, je pense, l'emploi que je pourrai en faire dans la suite de cet ouvrage.

Les prostituées étaient tolérées; mais le sort malheureux de beaucoup de *ces pécheresses qui pendant toute leur vie avaient abusé de leur corps, et à la fin étaient en mendicité*, inspira l'idée de fonder pour elles des maisons de retraite. En 1226, Guillaume III, évêque de Paris, en ayant converti plusieurs, les réunit dans un hôpital que saint Louis fit bâtir à cet effet. Ce prince fit placer, dit Joinville [1], *grand multitude de femmes en l'ostel, qui par povreté étaient mises en péchié de luxure, et leur donna quatre cens livres de rente pour elles soutenir.* On appela cet hôpital la maison des *Filles-Dieu*.

Le saint roi ne s'en tint pas à cette mesure. Consultant son amour pour le bien public et la ferveur de son zèle pour la religion plutôt que l'expérience, il conçut le même dessein que Charlemagne; il voulut extirper la débauche publique. En 1254, il rendit une ordonnance portant que toutes les femmes et filles publiques seraient chassées, tant des villes que des villages; qu'après qu'elles auraient été averties et qu'on leur

---

[1] *Hist. de saint Louis*, édit. de 1761, p. 151.

aurait fait défenses de continuer leur mauvais commerce , en cas de contravention
leurs biens seraient saisis de l'autorité du juge
des lieux, ou livrés au premier occupant;
que même elles seraient dépouillées. Il fut
fait en outre défense à toutes personnes de
leur louer aucuns lieux à peine de confiscation des maisons.

Nous voyons, par quelques coutumes du
royaume, qu'à peu près à la même époque
on sévissait en général contre la débauche
publique.

Celle de Bayonne ordonnait que les maquerelles fussent pour la première fois fus-
tigées et bannies, et condamnées à mort en
cas de récidive [1].

En confirmant celle de Provence, Charles
d'Anjou ordonna que tous ceux qui se mêlaient de corrompre et prostituer les femmes
ou filles, seraient chassés de ses Etats; que
si dix jours après la publication de son ordonnance, il se trouvait quelqu'un qui osât
exercer cet art impie, on en informât, et
que les coupables fussent punis de peines

---

[1] *Coutumier général,* t. IV, tit. **XXV**.

corporelles et de la confiscation des biens. Il défendit à tous les officiers de donner retraite en leurs maisons à aucunes femmes de mauvaise vie, à peine de privation de leurs offices et de cent livres couronne d'amende [1].

A Narbonne, au contraire, les consuls et habitans de cette ville étaient en possession du droit d'avoir dans la juridiction du vicomte une *rue chaude*, c'est-à-dire un lieu de prostitution [2].

La ville de Toulouse avait un lieu public de débauche, depuis un temps immémorial; il était sous la protection des capitouls, qui faisaient bâtir des maisons pour loger les femmes de mauvaise vie, et qui en tiraient un revenu destiné aux réparations de la ville et à l'entretien des hôpitaux [3].

Cette opposition d'esprit dans les statuts qui régissaient les différentes provinces du royaume, doit être regardée comme l'une des causes de l'inefficacité des mesures ré-

[1] Bouchel, *Biblioth. du droit Franç.*, t. II, p. 610.
[2] *Nouveau Répert. de Jurisp.*, *verbo* Bord., p. 834.
[3] Catel, *Mém. de l'Hist. du Languedoc*, p. 187.

pressives qui étaient prescrites à la fois par plusieurs de ces coutumes locales et par les ordonnances de nos rois.

Celle de 1254, exécutée avec toute l'exactitude que comportait une police très-imparfaite, n'eut d'autre effet que de forcer la conversion de quelques malheureuses plongées dans la misère, et qui trouvaient dans les maisons de pénitence un asile et du pain. Beaucoup d'entre elles, moins sensibles au repentir qu'à la crainte des vexations et des mauvais traitemens, se retirèrent dans les villages, en corrompirent les habitans, et y reçurent ceux des villes; celles qui restèrent dans les villes se cachaient ou affectaient une conduite décente, et, sous ce voile, continuaient leur mauvais commerce. Cela donnait lieu à des méprises fâcheuses ; les femmes d'honneur étaient exposées aux insultes des libertins. On acquit cette triste expérience, qu'il est impossible d'abolir totalement le vice de la prostitution, sans tomber dans d'autres désordres plus dangereux à la religion, aux mœurs et à l'Etat. L'ordonnance précitée fut réformée la même année qu'elle fut rendue, par une autre que rapporte

Joinville[1], et par laquelle on se contenta d'ordonner que toutes *les folles femmes de leur
corps et communes* seraient séparées d'avec
les autres ; d'interdire aux propriétaires la
faculté de leur louer leurs maisons, et de
défendre à tous baillis, prévôts, maires,
juges et autres officiers du roi, de fréquenter
les mauvais lieux.

Une preuve évidente de la nécessité de
cet acte révocatoire est dans la défense qui
le termine. Des faits nombreux démontrent
d'ailleurs l'excès de la débauche publique à
cette époque de notre histoire : il me suffira
d'en rapporter quelques-uns.

D'après le témoignage du cardinal Jacques
de Vitry, une simple fornication chez les
Parisiens n'était point regardée comme une
faute. Les filles publiques, dans les rues,
dans les places, devant leurs maisons, arrê-
taient effrontément les ecclésiastiques qui
venaient à passer ; et si, par hasard, ils refu-
saient de les suivre, elles criaient après eux,
en les appelant *sodomites*. Car, dit cet auteur, ce vice honteux et abominable est

____

[1] *Hist. de saint Louis*, p. 149, 150.

tellement en vigueur dans cette ville ; ce venin, cette peste y sont si incurables, que celui qui entretient publiquement une ou plusieurs concubines, est considéré comme un homme de mœurs exemplaires [1].

Lors de la croisade de 1270, les gens du roi, après la prise de Damiette, établirent dans le camp même et près du pavillon du roi des lieux de débauche dont ils tiraient profit. « Entour son pavillon, dit Joinville [2], tenaient cil leurs bordiaux. » Il chassa un grand nombre de gens de sa cour, coupables de cette infamie.

Les désordres qui s'accrurent avec autant de violence que de rapidité dans les maisons de débauche, les firent défendre dans le ressort du parlement de Paris [3]. L'arrêt est de 1272.

L'histoire de la législation sur la débauche publique, présente cette succession alternative d'indulgence et de sévérité, de tolérance et de proscription : effet inévitable de

---

[1] *Histor. occident., cap. VII, de statu paris. civil.*

[2] *Hist. de saint Louis,* p. 37.

[3] Ducange, *sur Joinville,* p. 105.

la nécessité, tantôt sentie, tantôt méconnue, de laisser subsister un abus dont les excès firent franchir souvent au législateur les bornes d'une sage modération. Dans d'autres circonstances, il fit plus que la tolérer, il lui donna des règles, et même lui accorda sa protection ; et ce dernier système fut long-temps suivi dans presque toute l'Europe.

Guillaume IX, duc d'Aquitaine et comte de Poitiers, avait établi à Niort une maison de prostitution dans le plan des monastères de femmes.

Vers la fin du douzième siècle, il existait à Venise un lieu public de débauche, établi par arrêt du sénat [1].

A Rome, il y en avait un auprès du palais du Pape, dont le maréchal de la cour tirait une espèce de tribut [2].

John Stow, dans son Histoire de la ville de Londres, fait connaître les réglemens qu'il suppose avoir été faits vers l'an 1430 au sujet des établissemens de ce genre, situés dans

[1] Guillaume Durand, *de Modo celebr. Concil.*, part. II, tit. X.

[2] Nicol. Diglioni, liv. I, *des Choses Remarquables de la ville de Venise.*

le faubourg de Southwark. Les étuves publiques, presque toujours destinées à la
débauche, appartenaient au lord-maire de
Londres ; il les donnait à ferme à des Fla-
mands. Henri VI confirma les priviléges que
ses prédécesseurs avaient accordés à ces
maisons, dont le nombre fut réduit sous
Henri VII. Elles devaient avoir des marques
distinctives , qui consistaient en des figures
peintes sur le mur [1].

Voltaire rapporte qu'il y avait sous la protection de l'évêque, comme prince de Ge-
nève, de pareils lieux dans cette ville ; que
les filles légalement prostituées payaient
une taxe au prélat, et que le magistrat élisait
tous les ans la reine du b....., comme on
parlait alors, afin que toutes choses se pas-
sassent en règle et avec décence [2].

En 1347, Jeanne Ire, reine des Deux-Si-
ciles et comtesse de Provence, ne crut point
rabaisser les soins de sa couronne en don-

---

[1] *Vide* l'ouvrage : *Londres, la Cour et les Prov.*,
t. I, chap. 34.

[2] *Essai sur les Mœurs et l'Esprit des Nations*, t.
IV, p. 285, édit. de 1785.

nant un réglement pour la discipline du lieu public de débauche de la ville d'Avignon. Ce monument, écrit en langue provençale, est trop extraordinaire et trop curieux pour n'être pas traduit en entier.

I.

L'an 1347 et le huitième du mois d'août, notre bonne reine Jeanne a permis un lieu particulier de débauche dans Avignon, et elle défend à toutes les femmes débauchées de se tenir dans la ville, ordonnant qu'elles soient renfermées dans le lieu à ce destiné, et que pour être connues elles portent une aiguillette rouge sur l'épaule gauche.

II.

Item, si quelque fille, qui a déjà fait faute, veut continuer ce mauvais train de vie, le porte-clefs ou capitaine des sergens l'ayant prise par le bras, la mènera par la ville au son du tambour, avec l'aiguillette rouge sur l'épaule, et l'établira à domicile dans le lieu public de débauche, en lui défendant de sortir dans la ville, à peine du fouet pour la

première fois, et du fouet et du bannissement
en cas de récidive.

III.

Notre bonne reine ordonne que la maison
de débauche soit établie dans la rue du *Pont
troué*, près du couvent des frères Augustins
jusqu'à la porte Saint-Pierre, et que du même
côté il y ait une porte d'entrée qui fermera à
clef, pour empêcher qu'aucun homme aille
voir les femmes sans la permission de l'ab-
besse ou baillive, qui tous les ans sera élue
par les consuls. La baillive gardera la clef, et
avertira les jeunes gens de ne causer aucun
trouble, et de ne faire aucun mauvais traitement aux filles de la maison; autrement et à
la moindre plainte, ils n'en sortiront que
pour être conduits en prison par les sergens.

IV.

La reine veut que tous les samedis la baillive et un chirurgien préposé par les consuls
visitent toutes les femmes et filles du lieu de
débauche, et s'il s'en trouve quelqu'une qui

ait contracté du mal provenant de paillardise, qu'elle soit séparée des autres, pour qu'elle ne puisse point s'abandonner et donner du mal à la jeunesse.

V.

Item, si quelqu'une des filles devient grosse, la baillive prendra garde qu'il n'arrive aucun mal à l'enfant, et elle avertira les consuls qui pourvoiront aux besoins de cet enfant.

VI.

Item, la baillive ne permettra absolument à aucun homme d'entrer dans la maison le Vendredi Saint, ni le Samedi Saint, ni le bienheureux jour de Pâque, à peine d'être cassée et d'avoir le fouet.

VII.

La reine défend aux filles de joie d'avoir aucune dispute ni jalousie entre elles, de se rien dérober non plus que de se battre; elle veut au contraire qu'elles vivent ensemble comme sœurs; qu'en cas de querelle la bail-

live les accorde, et qu'elles s'en tiennent à
ce qu'elle aura décidé.

VIII.

Que si quelqu'une a dérobé, la baillive
fasse rendre à l'amiable l'objet du larcin; et
si la voleuse se refuse à le restituer, qu'elle
soit fouettée dans une chambre par un ser-
gent; si elle retombe dans cette faute, qu'elle
soit fouettée par le bourreau de la ville.

IX.

Item, que la baillive ne permette à aucuns
juifs d'entrer dans la maison; et s'il arrive
que quelqu'un d'eux, s'y étant introduit en
secret et par finesse, ait eu affaire à quelqu'une des filles, qu'il soit mis en prison
pour avoir ensuite le fouet par tous les carrefours de la ville.

On a élevé des doutes sur l'authenticité de
ces statuts; on a prétendu que le Nouveau-
Monde n'étant point découvert à l'époque
de leur date, ils n'auraient pu prescrire la
visite dont parle l'article IV, à raison de la

maladie vénérienne qui n'était point encore connue en Europe [1]. Mais, outre que ce réglement a un air de vérité qui persuade, il est à remarquer que l'article IV en question ne parle pas nommément de la maladie vénérienne. Il y a à examiner, même en adoptant l'opinion que cette maladie était endémique dans les Antilles, qu'elle n'était point une dégénérescence de la lèpre ou une complication de cette dernière maladie avec tout autre principe contagieux, et qu'elle n'a été apportée dans le vieux continent qu'à la fin du quinzième siècle, s'il n'y a pas eu auparavant et de tout temps d'autres affections morbifiques, attaquant les parties de la génération, susceptibles de se communiquer par l'acte vénérien qui est le plus intime de tous les contacts, et de survenir plus facilement aux femmes publiques par suite de leur prostitution. Or, il est constant d'après les témoignages d'une foule de médecins, dont quelques-uns ont écrit avant l'invasion de la maladie vénérienne en Europe, qu'il a toujours existé des maladies autres que celle-là,

[1] *Nouveau Répert. de Jurisp.*, t. I, p. 833.

qui néanmoins se communiquent par la fréquence du coït, telles que l'*arsure* ou *incendie*, l'*échauffaison*, et la *lèpre* que les croisés apportèrent d'Égypte dans les onzième et douzième siècles : c'est sans doute à raison de quelqu'une de ces maladies que fut ordonnée l'inspection sanitaire dont il s'agit [1].

On pourra s'étonner encore qu'une reine de vingt-trois ans se soit occupée d'organiser un lieu de débauche, dans un temps où elle était forcée de quitter son royaume pour échapper à la vengeance d'un ennemi implacable. Mais Jeanne, reine galante, hors de danger dans la ville d'Avignon, cédait à l'esprit du temps, et pensait faire œuvre pie en publiant ces statuts. Ils furent observés avec exactitude : les registres d'un certain M. Tamarin, tabellion apostolique, en fournissent la preuve. On y trouve qu'un juif de Carpentras, appelé Doupedo, fut fouetté publiquement à Avignon en 1408, pour être

---

[1] Astruc, *Traité des Malad. vénér.*, liv. I, chap. 6, 7 et 8 ; Swedians, *Traité complet des Malad. vénér.*, t. I, chap. 1.

entré dans la maison de débauche et y avoir couché avec une des filles [1].

Par une bulle du 2 juillet 1510, Jules II permit aux filles de joie d'avoir un quartier fixe dans la ville de Rome.

Léon X fit quelques réglemens pour en assurer le bon ordre.

Clément VII greva la débauche publique d'un impôt vraiment exorbitant en n'accordant aux courtisanes la faculté de disposer de leurs biens par donation entre-vifs ou par testament, que sous la condition d'en donner la moitié au couvent de Sainte-Marie-Madeleine de la pénitence. Comme elles éludaient cette ordonnance en plaçant leur argent à rente viagère, Clément X les assujettit à donner le quart des sommes dont elles voulaient passer contrat.

En France, la tolérance accordée à la débauche publique n'empêchait pas qu'on ne s'occupât des moyens propres à en modérer l'excès. Pendant plus de trois siècles, les ordonnances royales, les réglemens de police et les institutions religieuses eurent pour

[1] Astruc, *id.*, chap. 8, p. 224.

objet d'affaiblir la gravité de ce désordre.

La seconde ordonnance de saint Louis fut remise en vigueur. Il ne fut permis aux prostituées d'exercer leur métier que dans les lieux désignés et aux heures déterminées par l'autorité. Par-là, on put surveiller avec plus de facilité les maisons de débauche, et mieux assurer la décence et la tranquillité publiques.

Les prostituées portaient les mêmes parures que les honnêtes femmes. On renouvela les défenses qui leur avaient été faites de porter ces sortes d'habits et d'ornemens; elles ne pouvaient étaler aucune espèce de luxe. On chercha à les couvrir d'opprobre, à les flétrir par toutes les marques d'ignominie possibles. La débauche publique eut sa livrée, qui attirait sur ses suppôts les regards et les huées de la multitude.

De fortes peines furent prononcées contre ces êtres dépravés, qui sans pitié comme sans honneur, et peu contens de spéculer sur les faveurs de la beauté vénale, corrompent l'innocence par leurs artifices; dont l'art funeste, excité par la misère, calcule les ressources d'une subsistance incertaine sur le nombre des victimes qu'ils poussent dans l'abîme. On pensa avec juste raison que ce serait peu faire pour diminuer le fléau de la débauche publique que d'en circonscrire l'exercice dans des limites matérielles et de la punir par la honte, si on n'usait en même temps d'une rigueur salutaire contre ces proxénètes impurs qui la fomentent sans cesse par leurs détestables manœuvres.

Une ordonnance du prévôt de Paris, de l'année 1360, fit défense à toutes filles et femmes de mauvaise vie et *faisant péché de leur corps, d'avoir la hardiesse de porter* sur leurs robes et chaperons aucun gez ou broderies, boutonnières d'argent, blanches ou dorées, des perles ni des manteaux fourrés de gris, sous peine de confiscation; leur ordonna de quitter dans huit jours ces ornemens; enjoignit à tous sergens, ce délai passé, de les arrêter en tous lieux, excepté dans ceux consacrés au service divin; de les amener au Châtelet pour qu'on leur ôtât et arrachât ces habits et ornemens, et adjugea aux sergens cinq sous parisis pour chacune de ces femmes ou filles trouvées en contravention, et qu'ils auraient dépouillées [1].

[1] *Livre vert ancien du Châtelet,* fol. 150.

Trois autres ordonnances de police des 8 janvier 1415, 6 mars 1419 et 26 juin 1420, portèrent les mêmes défenses. Un arrêt du parlement de Paris, du 17 avril 1426, les renouvela [1].

Ces actes mentionnent avec détail les habits et parures dont le port était prohibé aux femmes de mauvaise vie, et qu'ils déclaraient être les ornemens des *damoiselles et femmes d'honneur*.

A Toulouse, il leur était défendu de porter ni robes ni garnitures de soie [2].

On ne prononça d'abord que la confiscation des habits et parures contre les contrevenantes; puis vinrent l'amende et la prison; et comme, selon toutes les apparences, les sergens gagnaient à se laisser graisser la patte plus que les cinq sous parisis que leur accordait le prévôt de Paris, à titre de gratification, pour chaque femme prise en contravention et dépouillée, on leur enjoignit de faire leur devoir, à peine de privation de leurs

____

[1] De Lamarre, *Dictionn. de Police*, t. I, liv. III, tit. V, p. 524.

[2] *Mémoires de l'Hist. de Languedoc*, Catel, p. 187.

offices. Dans la suite, on augmenta leur rétribution.

Les habillemens saisis étaient vendus *au
profit du roi*. On en trouve la preuve dans
l'extrait suivant du compte du domaine de
Paris, de l'an 1428 :

« De la valeur et vendue d'une houpelande
» de drap, persfourrée par le collet de penne
» de gris, dont Jehannette, veuve de feu
» Pierre-Michel, femme amoureuse, fut trou-
» vée vêtue, et ceinte d'une ceinture sur un
» tissu de soie noire à boucle et mordant, et
» huit clous d'argent, pesant en tout deux
» onces, auquel état elle fut trouvée allant à
» val la ville, outre et par-dessus l'ordon-
» nance et défenses sur ce faites; et pour ce
» fut emprisonnée, et ladite robe et cein-
» ture déclarée appartenir au roi, par con-
» fiscation, en suivant ladite ordonnance,
» et délivrée en plein marché le 10 juillet
» 1427; c'est à savoir : ladite robe le prix
» de sept livres douze sols parisis, et ladite
» ceinture deux livres parisis, qui font neuf
» livres douze sols parisis, dont les sergens
» qui l'emprisonnèrent eurent le quart, etc...
» De la valeur d'une autre ceinture sur un

» vieil tissu de soie noire, où il y avait une
» platine et huit clous d'argent, boucle et
» mordant de fer-blanc, trouvée en la pos-
» session de Jehannette la Neuville, pour ce
» emprisonnée, etc....

» De la valeur d'une autre ceinture ferrée,
» boucle et mordant sur un tissu de soie
» noire à huit clous d'argent, et d'un collet
» de penne de gris, trouvée en la possession
» de Jehannette la Fleurie, dite la *Poisson-
» nière*, pour ce emprisonnée, etc....»

Le commissaire de Lamarre nous apprend
qu'il y a plusieurs autres articles semblables
dans les comptes de 1454, 1457, 1460, 1461,
1462 et 1464 [1].

Les femmes *amoureuses*, *filles de joie et
paillardes*, du nom de *Jehannette*, devaient
être assez nombreuses, ou peut-être était-ce
un nom de guerre devenu commun.

Pasquier pensait qu'on aurait dû faire défense à toutes femmes d'honneur de porter
les ornemens prohibés, *sur peine d'être déclarées p......*, et qu'en tournant ainsi la chance
on aurait atteint le but d'une manière plus

[1] *Dictionn. de Police*, t. I, liv. III, tit. V, p. 524.

sûre et plus prompte [1]. Il oubliait que le pouvoir de punir ne va pas jusqu'à dégrader la vertu pour de simples fautes; que la loi eût perdu son caractère de moralité et changé totalement d'esprit, puisqu'elle aurait été dirigée moins contre la débauche que contre le luxe; que d'ailleurs, en fait de modes et de parures, les femmes honnêtes n'entendent pas plus raison que celles qui ne le sont pas.

Ce qui distinguait le costume imposé aux femmes publiques, c'était une partie de l'habillement, tel que le chaperon, ou bien la forme ou la couleur des habits; le plus communément c'était une aiguillette, ou une lisière de drap qui contournait l'un des bras, et de couleur différente de celle de la robe.

En 1389, Charles VI accorda des lettres-patentes aux filles de joie de la ville de Toulouse, pour adoucir la contrainte où elles se plaignirent que les tenaient à cet égard les ordonnances des capitouls. Voici dans quel style le monarque répondit à la requête que lui avaient présentée ces demoiselles :

[1] *Recherch. de la France*, liv. VIII, chap. 11.

« Charles...., savoir faisons à tous présens
» et à venir, que oye la supplication qui faite
» nous a été de la part des filles de joye du
» bordel de nostre grande ville de Thou-
» louse, dit la *Grant-Abbaye*, contenant
» que pour cause de plusieurs ordonnances
» et défenses à elles faictes par les capitoux
» et autres officiers de nostre dicte ville sur
» leurs robes et autres vestures, elles ont
» souffert et soutenu plusieurs injures, vitu-
» péres et dommages, souffrent et soustien-
» nent de jour en jour, et ne se peuvent pour
» ce vestir ni asseynier à leur plaisir pour
» cause de certains chaperons et cordons
» blancs, à quoi elles ont été estraintes porter
» par icelles ordonnances, sans nostre grâce
» et licence, requérant que nous leur veuil-
» lons à nostre joyeux advénement que faict
» avons présentement en nostre dicte ville,
» leur faire grâce et les mettre hors d'icelle
» servitude ; pourquoi nous, attendu les
» choses dessus dictes, désirant à chacun
» faire grâce et tenir en franchise et liberté
» les habitans conversans et demeurans en
» nostre royaume, avons à nostre dict advé-
» nement faict en nostre dicte ville, ordonné

8

» et ordonnons, et par ces présentes de grâce
» spéciale, et de nostre auctorité royale,
» avons octroyé et octroyons auxdites sup-
» pliantes, que dorénavant elles et leurs
» successeurs en ladicte Abbaye portent et
» puissent porter et vestir telles robes et
» chaperons, et de telles couleurs comme
» elles voudront vestir et porter, parmi ce
» qu'elles seront tenues de porter entour l'un
» de leurs bras une enseigne ou différence
» d'un jarretier ou lisière de drap d'autre
» couleur que la robe qu'ils auront vestue
» ou vestiront [1], etc.... »

La coutume du port de l'aiguillette subsista pendant des siècles. Pasquier témoigne
qu'elle existait de son temps. « Qui me
» fait penser, dit-il, qu'anciennement en
» France, lorsque les choses furent mieux
» réglées, cette même ordonnance s'observa ;
» dont depuis est dérivé entre nous ce pro-
» verbe par lequel nous disons qu'une *femme*
» *court l'esguillette*, lorsqu'elle prostitue son
» corps à l'abandon de chacun [2]. »

[1] *Rec. des ord. des Rois de la trois. race*, t. VII, p. 327.
[2] *Recherch. de la France*, liv. VIII, chap. 35.

Les habitans de Beaucaire en Languedoc avaient établi une course où les prostituées couraient en publïc la veille de l'ouverture de la foire célèbre qui se tient chaque année dans cette ville. Celle qui avait atteint la première le but fixé, avait pour prix un paquet d'aiguillettes; et c'est là, sans doute, la vraie origine du proverbe que nous venons de rapporter.

Cet usage était suivi en Italie. Le gain de la course, ou *Palio*, était une pièce de brocard, ou de velours, ou d'autres étoffes précieuses.

La désignation des quartiers et rues que les femmes publiques étaient obligées d'habiter, favorable au maintien de l'ordre public, réduisant les atteintes qu'un scandale trop répandu portait aux mœurs, servait encore de frein à la débauche, dont les incursions dans ces lieux reconnus pour en être l'asile, étaient contrariées par la honte et les clameurs de la populace.

La chronique a conservé les noms des rues qui leur furent assignées dans les différentes villes du royaume. Dans la capitale, c'étaient principalement les rues *Pute-y-Muce*, *Puti-*

gneuse, *le Cul-de-Sac Putigneux*, les rues *Trousse-P...*, ensuite *Trousse-Nonain*, puis *Trans-Nonain*, *Deux Portes Saint-Sauveur*, et la rue *Tire-Boudin*, dont le nom, auparavant très-obscène, fut changé, parce qu'un jour Marie Stuart, reine d'Écosse et femme de François II, passant dans cette rue et en ayant demandé le nom, ne put s'empêcher de rougir à la prononciation de la dernière syllabe [1].

La porte Saint-Marcel s'est pendant long-temps nommée la porte Bord.., parce qu'il y avait tout près un lieu public de débauche.

Une ordonnance du prévôt de Paris, du 18 septembre 1367, enjoignit « à toutes les » femmes de vie dissolue d'aller demeurer » dans les bordeaux et lieux publics qui leur » étaient destinés; » fit défenses à toutes personnes de leur louer des maisons en aucun autre endroit, à peine de perdre le loyer, et à ces sortes de femmes d'acheter des maisons ailleurs, sous peine de confiscation. Elle ordonna que, si elles étaient trouvées

---

[1] *Vide* l'ouvrage : *Les cris de Paris; Nouveau Répert. de Jurisp.*, *verbo* Bord...

faisant leur mauvais commerce en d'autres
lieux, les sergens, sur la plainte ou réquisi-
tion de deux voisins , les arrêteraient et
les constitueraient prisonnières au Châtelet ;
qu'ensuite la vérité du fait étant connue,
elles seraient chassées de la ville, et que,
sur leurs biens ou effets , les sergens seraient payés de huit sous parisis pour salaire [1].

Ces défenses furent renouvelées par les
rois Charles V et Charles VI, sous des peines
plus sévères à l'égard des locateurs. En
effet, par lettres-patentes du 3 février 1368,
Charles V leur défendit de recevoir ces femmes à quelque titre que ce fût, et prononça
contre les contrevenans la peine portée par
l'ordonnance de 1254, c'est-à-dire la perte
de la maison et des loyers [2].

Les deux ordonnances prévôtales des
8 janvier 1415 et 6 mars 1419, déjà citées, et
relatives au port des habits , maintinrent
contre les femmes publiques *la perte de*

---

[1] *Livre vert ancien du Châtelet,* fol. 147 et 196.

[2] *Registre du Châtelet ,* livre rouge ancien , fol. 47
et 92.

l'argent et des maisons ; remplacèrent à l'égard des locateurs la confiscation des maisons par la perte des loyers et par une amende arbitraire.

Imbert, dans sa *Pratique criminelle*, pag. 434, rapporte des arrêts qui condamnèrent des femmes publiques à déloger de leurs propres maisons, et qui décidèrent qu'elles ne pouvaient être reçues à se faire adjuger le bail judiciaire d'une maison saisie. La jurisprudence des tribunaux mitigeait la rigueur des réglemens, sous le rapport de la pénalité.

Enfin, pour resserrer le théâtre de la débauche, pour qu'elle ne s'exerçât absolument que dans les lieux avoués par l'autorité, on fit aux prostituées la défense précise de s'y livrer dans leurs demeures particulières.

De leur côté, les suppôts et partisans de la débauche, pour être moins gênés dans leurs excès, et pour échapper aux avanies auxquelles ils étaient exposés, se rendirent fort tard dans les mauvais lieux. Les réglemens devenant illusoires, une ordonnance du prévôt de Paris, du 17 mars 1374, ordonna qu'on sortirait des lieux de débauche, incontinent après six heures du soir sonnées, à peine de vingt sous parisis d'amende pour chaque contravention.

Le 30 juin 1395, autre ordonnance de police qui fixa l'heure de la retraite au son du couvre-feu, c'est-à-dire à six heures en hiver, et à sept en été. Plus rigoureuse que la précédente, elle punit les contraventions par la prison et l'amende arbitraire [1].

Les lieux de prostitution étaient ouverts à tous venans moyennant rétribution; ils n'étaient point dirigés par des personnes préposées par l'autorité pour y maintenir l'ordre, comme à Avignon; quoique qualifiés d'*abbayes*, ils n'avaient point de supérieures ou *mères abbesses* : c'étaient des demeures communes à plusieurs femmes publiques, où elles étaient forcées d'exercer leur métier, et où chacune travaillait pour son compte et profit particuliers. Leurs réunions formaient une espèce de compagnonnage sans maîtres, des colléges dont les membres vivaient dans la plus parfaite égalité, et ne

[1] *Registre du Châtelet*, livre rouge, fol. 97.

reconnaissaient de supérieurs que la police, tantôt rigide, tantôt complaisante à l'excès, suivant la moralité, l'intérêt ou le caprice de ses agens.

Ces limites fixées à l'exercice de la débauche ne furent pas toujours respectées. Soit que les lieux qui lui étaient affectés fussent insuffisans ou trop gênans pour ceux qui les fréquentaient, soit excès de dévergondage, les femmes publiques se prostituaient dans les rues, sur les places et jusque dans les cimetières. « Les folles femmes, dit un écri- » vain de ce temps, se mettaient aux bor- » deaux et aux carrefours des voyes, et s'a- » bandonnaient pour petits prix à tous, sans » avoir honte ni vergogne.» Le cimetière des Innocens était un lieu de prostitution[1]. Peu à peu elles occupèrent un plus grand nombre de rues, et elles finirent par se répandre dans tous les quartiers. On avait vu, sous Philippe-Auguste, des maisons habitées tout à la fois par des professeurs de grec et des régentes de plaisir; dans les chambres hautes on en-

_____

[1] *Histoire de Paris,* par M. Dulaure, t. II, p. 357, 358, et les auteurs qu'il cite.

seignait les belles-lettres, dans les basses on
tenait école de débauche; de la vertu au
vice, il n'y avait qu'un plancher de sépara-
tion et un escalier à descendre. Dans le qua-
torzième siècle, les prostituées s'établirent
dans le voisinage des colléges, des églises et
des demeures des prélats.

L'évêque de Châlons, qui avait son hôtel
dans la rue Chapon, l'une de celles où les
réglemens avaient placé le foyer de la prostitution, ne put obtenir du magistrat de police d'en faire déloger les femmes publiques.
Ce prélat et d'autres voisins qu'il s'adjoignit
se pourvurent auprès du roi Charles V, qui
leur accorda l'objet de leur demande.

Un curé de Saint-Méry, trouvant indécent
que des prostituées fussent logées près de son
église, s'en plaignit au prévôt de Paris, qui
cette fois rendit une ordonnance d'expulsion; mais quelques bourgeois, prenant leur
fait et cause, entreprirent de les maintenir
dans la possession très-ancienne où elles
étaient d'habiter cette rue. Le parlement
admit provisoirement leur opposition par
arrêt du 21 janvier 1388, et renvoya les parties sur le fond au premier lundi de ca-

rême[1]. Les filles amoureuses gagnèrent leur cause, dit M. Collin de Plancy[2], en objectant que, si on les chassait de la rue Brise-miche, à cause du voisinage de l'église, il faudrait les chasser de Paris, où l'on comptait plus d'églises que de rues.

Quant aux courtiers de débauche, nous avons déjà vu que certaines coutumes les traitaient avec la dernière rigueur; que la coutume de Bayonne allait jusqu'à prononcer la peine capitale pour la récidive de ce délit. Dans d'autres pays on infligeait également le dernier supplice, s'il était vérifié, dit Lebrun[3], que le coupable eût l'habitude de suborner les filles et les femmes qu'il traînait à perdition, qu'il les y eût induites par présens et paroles persuasives, et que, par ce moyen, il les eût rendues obéissantes à sa volonté et à la prostitution qu'il en désirait faire, pour tirer gain de telle turpitude.

[1] Sainte-Foix, *Essais historiq.*, t. II, p. 253, 254; *Nouveau Répert.*, verbo Bord.., p. 834.

[2] *Dictionn. féodal*, t. I, p. 241.

[3] *Procès criminel*, p. 8.

Une ordonnance du prévôt de Paris, de
l'année 1367, que rapporte de Lamarre, con-
tient « défenses à toutes personnes de l'un et
» de l'autre sexe de s'entremettre de livrer
» ou administrer des filles ou femmes pour
» faire péché de leur corps, à peine d'être
» tournées au pilori et brûlées, c'est-à-dire
» marquées d'un fer chaud et chassées de la
» ville. »

Des ordonnances postérieures confirmè-
rent ces défenses.

L'ivrognerie et la débauche sont compa-
gnes assez fidèles. Charles VI fit défense aux
femmes publiques de tenir cabaret [1].

Les lieux de prostitution furent soumis à
une taxe pécuniaire en faveur des villes, qui
de leur côté fournissaient les locaux convenables. Les registres de la Chambre des comptes font foi à cet égard [2].

La maison des filles de joie de la ville de
Toulouse, qu'on appelait le *Châtel-Vert*,

[1] *Ordonn. du 14 sept. 1420, Registre du Châtelet,*
livre noir, fol. 136.

[2] Desessarts, *Dictionn. de Police,* verbo Femme,
p. 584.

donnait un revenu considérable. Aussi les
capitouls en avaient-ils un soin vraiment
paternel. Leur tendre sollicitude ne put empêcher qu'une jeunesse turbulente ne s'y li-
vrât à des scènes de désordre qui en faisaient
fuir les amateurs paisibles; ce qui compro-
mettait à la fois l'existence de l'établissement
et la prospérité du budget de la cité *Palla-
dienne*. Alarmés du danger, et dans l'impuissance de le détourner eux-mêmes, les
capitouls adressèrent au roi Charles VII des
supplications, dans lesquelles ils exposèrent
que depuis long-temps ils possédaient à bon
droit et juste titre *quoddam hospitium vulgariter vocatum bordelum sive hospitium
commune....., in quo hospitio à longo tem-
pore citrà moratæ fuerunt seù morari con-
sueverunt mulieres, vocatæ mulieres publicæ,
sive las fillas communes;* que le trésorier de
la ville retirait tous les ans des femmes publiques qui habitaient cette maison et à titre
de loyer, une forte somme d'argent qui était
employée à l'avantage du public; que quelques mauvais sujets et jeunes ribauds qui la
fréquentaient le jour et la nuit, en cassaient
les portes et fenêtres, la rendaient inabor-

dable par le bruit qu'ils faisaient et les violences qu'ils exerçaient sans aucune crainte
de Dieu (*non verentes Deum*); qu'en conséquence la recette était réduite à rien;
pourquoi ils suppliaient le roi de vouloir
bien y pourvoir.

Le monarque prit le *Châtel-Vert* sous sa
haute et puissante protection, et rendit expressément une ordonnance pour y faire
régner le bon ordre et la tranquillité. Elle
porta, entre autres dispositions, qu'en cas de
contravention sérieuse (*imminentis periculi*)
les magistrats feraient apposer au-devant de
la maison menacée ou troublée les insignes
de l'autorité, qui étaient les piques à fleurs de
lys [1].

Mais rien n'approche de l'usage qui s'observait à Montluçon à l'égard des prostituées.
Celles qui arrivaient nouvellement dans cette
ville, étaient soumises à payer pour traverser le pont un droit de péage, dont elles se

---

[1] *Recueil des ordonn. des Rois de la troisième race,*
t. XIII, p. 75; Catel, *Mémoires de l'Hist. du Languedoc,* p. 187; *Annales de Toulouse,* par La Faille,
p. 185.

rachetaient par une saleté. Je ne dirai pas en quoi elle consistait; on n'a qu'à lire l'extrait suivant des registres de la Chambre des comptes, de l'aveu de la terre du Breuil, rendu par Marguerite de Montluçon, le 27 septembre 1498. *Item in et super filiá communi, sexus videlicet viriles quoscumque cognoscente de novo in villá Montislucii eveniente, quatuor denarios semel aut unum bombum, sive vulgariter* un pet, *super pontem de castro Montislucii solvendum* [2].

Le zèle religieux, toujours bienfaisant quand une charité éclairée dirige ses œuvres, tâchait de suppléer par d'utiles fondations à l'insuffisance des lois et des réglemens.

Un cordelier, nommé *Jean Tisserand*, doué d'une grande ferveur et d'une éloquence entraînante, réussit à convertir à Paris deux cents filles publiques qu'il réunit dans une partie de l'hôtel d'Orléans, donnée à cet effet par le prince de ce nom qui fut depuis roi sous le nom de Louis XII. Cet établissement religieux, qui prit d'abord le titre de *refuge des filles de Paris*, puis celui de *filles*

[1] De Lamarre, t. I, liv. III, tit. V, p. 525.

pénitentes, fut confirmé par lettres-patentes de Charles VIII, du 14 septembre 1496. Mais, tel était le malheur des temps, que cette institution, qui semblait ne devoir produire que du bien, donna lieu à un ordre de choses vraiment déplorable. Une excessive misère porta des filles honnêtes à se prostituer tout exprès pour avoir droit d'y entrer; d'autres, à la suggestion de leurs parens qui voulaient s'en débarrasser, faute de pouvoir les nourrir, se présentaient comme ayant vécu dans la débauche, tandis qu'elles étaient encore vierges. C'est pour remédier à ces abus que Simon de Champagny , évêque de Paris, rédigea en 1500 les statuts de cette maison. Il fut réglé qu'on ne recevrait point de filles qui n'eussent mené une vie dissolue; que celles qui se présenteraient pour être admises, affirmeraient par serment entre les mains de leur confesseur et de six religieuses, qu'elles ne s'étaient point prostituées à dessein d'être reçues dans l'établissement; qu'outre cela, elles seraient visitées en présence des mères, sous-mères et discrètes, par des matrones nommées *ad hoc*, et qui feraient serment sur les saints Evangiles, de faire bon et loyal rapport. Si la postulante était trouvée vierge, on la renvoyait comme indigne d'entrer dans le couvent ; s'il était reconnu, d'après les renseignemens qu'on prenait, qu'elle se fût prostituée dans le but de s'y faire recevoir, on l'en chassait honteusement. Celles qu'on avait une fois visitées et refusées, étaient exclues pour toujours ; et pour que les femmes de mauvaise vie n'attendissent pas trop long-temps à se convertir, dans l'espérance que la porte leur serait toujours ouverte, on n'en recevait aucune au-dessus de l'âge de trente ans[1].

Ce réglement a quelque chose de sage ; il eût été dangereux de ne pas exiger une conformité parfaite dans la situation des femmes qu'on admettait ; il fallait prévenir tout parallèle désavantageux, tout sujet d'orgueil, et par conséquent tout sujet de discorde. Mais c'était une chose ridicule, absurde et de la dernière indécence, que cette visite corporelle. Le beau spectacle

[1] *Histoire des Ordres Monastiq.*, t. IV, p. 238 et suiv., édit. in-12.

pour des religieuses, mères, sous-mères et discrètes, qu'une gouine troussée, tâtée, épluchée par des pecques assermentées ! Quelle certitude pouvait donner une pareille inspection !

Telles furent les différentes mesures qu'on employa jusque vers la fin du quinzième siècle, pour refréner la débauche publique. Elles n'eurent que des résultats très-bornés. Leur inefficacité provint de causes qu'il est facile d'assigner, et au nombre desquelles il faut principalement compter la corruption générale des mœurs. A une immoralité profonde, à un luxe funeste, la cour joignait la plus impudente débauche, et les exemples dépravateurs gagnaient graduellement les classes inférieures, malheureusement trop enclines à imiter les vices embellis par le prestige des grandeurs. Depuis le onzième siècle, le palais de nos rois renfermait une corporation de filles de joie, qu'on appelait les *prostituées royales*, tandis que les autres étaient les *ribaudes communes*. Attachées à la cour, elles la suivaient ordinairement. Elles étaient sous la dépendance d'un officier qui portait le nom de *roi des ribauds*, dont

la charge, qui subsista jusque sous Charles VII, consistait à garder les portes du palais du souverain, à exécuter les sentences
des prévôts et maréchaux pour les délits
qui s'y commettaient, et à surveiller les maisons de prostitution. Ce roi singulier, quoique sans couronne, n'était pas dépourvu
d'honneurs et de subsides. Les prostituées du
palais étaient tenues de faire son lit pendant tout le mois de mai. *Tous les logis des
bourdeaux et des femmes bourdelières*, pour
me servir des expressions de Bouteiller, furent assujettis envers lui à une redevance de
deux sous par semaine. Dans la suite, on
confia la direction des filles de joie de la
cour à une noble dame qui les inscrivait sur
un registre particulier; et elles furent soumises à des règles expressément établies par
une ordonnance [1].

Les trois fils de Philippe – le – Bel se

[1] Pasquier, *des Recherch. de la France*, liv. VIII,
chap. 44; *Histoire de Paris*, par M. Dulaure, t. II,
p. 354 et suiv.; Du Tillet, p. 439; Daniel, *Histoire de
France*, t. I, p. 1450; Bouchel, *Justice criminelle*,
tit. XVIII, p. 647.

plaignaient à la fois des adultères de leurs épouses [1].

Une autre princesse était accusée par l'opinion publique d'appeler les écoliers de l'université qui passaient sous ses fenêtres, et après avoir assouvi sa luxure effrénée, de les faires jeter du haut de la tour de Nesle dans la Seine [2].

François Ier, dont l'esprit chevaleresque ne voyait dans une *cour sans femmes qu'une année sans printemps et qu'un printemps sans roses*, appelant auprès de lui les femmes des nobles jusque-là reléguées dans de vieux et tristes donjons, manifesta pour un sexe enchanteur des goûts trop nombreux et trop éclatans pour ne pas attenter aux mœurs de ses sujets. Sous son règne, les filles de joie du palais furent livrées aux officiers subalternes ; les *dames de maison et damoiselles de réputation* servirent aux plaisirs du roi et de ses courtisans. Brantôme émerveillé de ce train—là, qu'il appelle

[1] *Histoire de France,* de Dupleix, p. 406.

[2] Brantôme, *Femmes galantes,* disc. 11e, art. 1er; Bayle, *Supplém.,* p. 292.

une *belle et superbe bombance*, en loue beaucoup le monarque qui, d'après lui, n'en avait conçu l'idée que pour éviter de rattraper la maladie vénérienne dont on sait qu'il ne guérit jamais et qui même abrégea ses jours. « Après s'être vu échaudé et mal mené de ce mal, dit-il, avisa que, s'il continuait cet amour vagabond, qu'il serait encore pris ; et comme sage du passé, advisa à faire l'amour bien galamment; dont pour ce institua sa belle cour, fréquentée de si belles et honnêtes princesses, grandes et demoiselles, dont ne fit faute, que pour se garantir de vilains maux et ne souiller son corps plus des ordures passées, s'accommoda et s'appropria d'un amour moins sallaud, mais gentil, net et pur [1].

La noblesse factieuse et rebelle envers le souverain, tyrannique pour ses propres vassaux qu'elle désolait par la guerre et le brigandage, abusait encore de leur ignorance et de leur faiblesse pour les plonger dans le dernier degré d'avilissement. Regardant les autres hommes comme une es-

[1] Brantôme, discours 45e, *François Ier*.

pèce dévouée à leurs plaisirs , érigeant des usages infâmes en droits positifs, les seigneurs se maintenaient dans l'injurieux privilége de *cuissage*, *culage*, *markette* ou *prélibation*, qui était celui de coucher la première nuit des noces avec leurs vassales roturières. Des évêques , des abbés jouissaient de ce droit en qualité de hauts barons. Les chanoines de Lyon, à qui on le contestait, osèrent le revendiquer. Le parlement fut forcé d'en ordonner la suppression sous peine de la saisie du temporel [1].

Les mœurs des évêques, prêtres, moines et religieuses étaient on ne peut plus désordonnées ; elles présentaient tous les genres de scandale. Les ministres de Dieu fréquentaient les cabarets, les lieux de débauche ; entretenaient des concubines , des filles publiques ; payaient des pourvoyeurs de prostitution avec les biens de l'Eglise. Ils parvinrent par l'énormité de leurs turpitudes à déshonorer le sacerdoce ; un prêtre n'osait

[1] Voltaire, *Essai sur les Mœurs*, édit. de 1785, t. II, p. 376 ; Sainte-Foix, *Essais historiq.*, t. II, p. 237 ; *Dictionn. féodal*, t. I, p. 165 et suiv.

pas avouer son état, si digne par lui-même du respect des hommes [1].

Les marchés simoniaques les plus étranges, les décisions inconséquentes de quelques conciles, les permissions fiscales de la cour de Rome, favorisaient le débordement de la luxure. En effet, d'après le concile de Paris de 1432, un prêtre concubinaire ne perdait qu'une partie de ses revenus, au lieu que les canons condamnaient un laïque à des peines corporelles; ce qui, comme l'observe l'abbé Millot, était un renversement de l'ordre [2]. Dans certains diocèses, les grands vicaires, les officiaux vendaient la permission de commettre l'adultère pendant l'espace d'une année; dans d'autres, on achetait moyennant une quarte de vin le droit de forniquer impunément toute la vie [3].

Les cérémonies religieuses, les fêtes de la cour, les réjouissances publiques, les représentations théâtrales, et jusqu'à l'exécution

[1] *Hist. générale du Languedoc*, t. III, liv. XXI, p. 129.

[2] Millot, *Abrégé de l'Hist. de France*, t. II, p. 243.

[3] Velly, *Hist. de France*, t. VII, p. 12.

de certaines condamnations judiciaires, présentaient des spectacles dont l'obscénité sur-
passait le ridicule. Le costume des dames
nobles était on ne peut plus indécent.

Au milieu de tant de scandales et de per-
versités, tandis que la conduite des peuples
dépendait tant de celle des nobles, du clergé
et des moines, et avec tant d'élémens réunis
de démoralisation, on peut juger quelle dut
être l'intensité de la débauche publique. Ses
repaires étaient nombreux. Vers la fin du
quinzième siècle, tandis que la population
de la capitale, estimée avantageusement ,
n'était que de cent cinquante mille ames, on
y comptait cinq ou six mille filles publiques [1]. Des femmes nobles ne rougissaient
pas de faire ce métier. En 1459, on saisit
une ceinture et autres objets prohibés aux
prostituées sur demoiselle Laurence de Vil-
lars, *femme amoureuse* [2]. Les mères étaient
dans l'usage de prostituer leurs filles à des
hommes riches, à des conseillers de parle-

---

[1] *Hist. de Paris,* par M. Dulaure, t. III, p. 516,
édit. in-12.

[2] Sauval, *Antiquit. de Paris,* t. III, p. 360.

ment, à des abbés, à des évêques, ou de les vendre à des pourvoyeuses de débauche pour leur faire gagner leur dot. En 1405, Jeanne de Fenilloy, dame de Voltis, fut condamnée par arrêt du parlement de Paris, pour avoir prostitué sa fille [1].

Cependant, le flambeau de la civilisation croissante, en répandant sur les mœurs un plus grand jour, en avait fait ressortir la hideuse nudité. Les progrès de la raison suscitaient des idées de réforme. On rougit de protéger, même de tolérer la débauche publique : on voulut l'extirper. Le zèle du chancelier de l'Hôpital pour la cause des mœurs, ses opinions sévères, l'exemple de rigueur donné par quelques gouvernemens étrangers [2], déterminèrent ce changement

[1] Maillard, *Sermons, Avent*, 16 et 19; *Régist. Manusc. crimin.*, côt. 12, fol. 306.

[2] En Angleterre, il y avait dans tous les châteaux une chambre où les servantes travaillaient à filer. Les étrangers qui allaient voir le maître pouvaient y satisfaire leurs désirs, sans rencontrer la moindre résistance, ces filles étant obligées de se prêter à tout ce qu'on voulait faire d'elles. Il existait une pareille chambre dans le palais du roi. Sous Henri VII, on

de législation. On l'attribue aussi aux ravages affreux de la maladie vénérienne , à l'augmentation des dépenses pour guérir les femmes publiques qui en étaient infectées, et qui devinrent si considérables qu'elles surpassaient de beaucoup le profit qu'on tirait des lieux de débauche [1].

En 1560 , il fut solennellement arrêté aux états d'Orléans , que tous les lieux de prostitution seraient anéantis. L'article 101 de l'ordonnance de ce nom défendit *tous bordeaux ;* enjoignit aux juges de poursui-

voyait encore un écriteau sur une porte, où on lisait : *Chambre des filles de joie du roi.*

Dans le réglement de la maison de Henri VIII, il est dit que le maréchal de ladite maison aura soin d'en éloigner les filles de mauvaise vie, et que le barbier du roi ne touchera point à ces créatures, de peur de malpropreté. Ce prince ordonna que celles qui continueraient à habiter les lieux de débauche, et les femmes même de ceux qui faisaient servir leurs maisons à cet indigne usage, seraient privées de toute participation aux sacremens et de la sépulture ecclésiastique.

Sixte Quint sévit contre la débauche publique ; il chassa les courtisanes de ses États.

[1] Astruc, *Traité des Malad. vénér.*, liv. I, chap. 6, p. 214; *Annal. de Toulouse,* par Lafaille, p. 185.

vre et *de punir extraordinairement* les contrevenans, *sans dissimulation ou connivence, à peine de privation de leurs offices.*

Cette abolition générale fut exécutée avec
autant d'exactitude que de vigilance. Tous
les lieux publics de débauche furent fermés
dans le royaume. La rue du *Heuleu* ou
Hurleur à Paris, en avait été tellement infectée qu'elle avait pris son nom des avanies
que faisait la populace aux personnes qu'elle
y surprenait; ce fut celle aussi qui en fut
purgée la dernière; l'un de ces mauvais
lieux y tint bon encore près de cinq ans;
les intéressés eurent la hardiesse de demander qu'il fût maintenu; le procès fut
jugé contre eux au Châtelet. Ils en appelè-
rent et refusèrent d'obéir. Les habitans de
la rue eurent recours au roi qui leur accorda, le 12 février 1565, des lettres-patentes portant que la sentence du Châtelet serait
exécutée nonobstant toutes oppositions ou
appellations faites ou à faire, dont le roi se
réserva la connaissance; et il fut enjoint au
procureur au Châtelet de faire ses diligences.
La même sentence qui ordonna l'enregis-
trement de ces lettres, fit défense à tous

les habitans de la ville et faubourgs de Paris, *de souffrir dans leurs maisons aucun bordeau secret ou public*, sous peine pour la première contravention de soixante livres parisis d'amende, pour la seconde de six-vingts livres, et pour la troisième de confiscation des maisons. Elle fut publiée par le juré crieur aux deux bouts de la rue du Heuleu, et le mauvais lieu qui s'y trouvait fut fermé sur-le-champ [1].

La réforme s'introduisit dans l'armée; les prostituées vivaient au milieu des troupes et les accompagnaient. L'article 311 de l'ordonnance de Henri III, de 1579, enjoignit aux prévôts des maréchaux, à leurs lieutenans, même aux juges ordinaires, de chasser ces femmes des compagnies et de les faires châtier de la peine du fouet [2].

Plus tard, il fut prescrit par l'ordonnance militaire du 25 juin 1750, article 602, que lorsqu'une fille ou femme débauchée serait surprise avec des soldats, cavaliers ou dragons en flagrant délit, le premier

---

[1] De Lamarre, t. I, liv. III, tit. V, p. 574.
[2] *Vide* le *Recueil de Héron et Girard.*

officier qui en serait instruit la ferait arrêter et en informerait aussitôt le commandant de la place.

Si ces femmes ou filles, dit l'article 6o3 , étaient domiciliées dans la place , le commandant les fera remettre au juge du lieu , sans leur infliger aucune peine. Mais , porte l'article 6o4, si elles étaient étrangères et sans aveu , le commandant de la place les fera passer par les verges après avoir été exposées sur le cheval de bois, et elles seront ensuite chassées de la ville, avec défenses d'y rentrer sous peine de prison [1].

Par suite de l'exécution de l'ordonnance d'Orléans, il n'y eut plus de maisons de prostitution publiques avouées; mais, malgré les défenses il y en eut au compte, risque et péril des particuliers. Comme l'observe Sainte-Foix[2], le nombre des filles de joie ne diminua pas , quoique leur profession ne fût pas regardée comme un état ; et en leur défendant d'être nulle part, on les obligea de se répandre par-

---

[1] *Recueil des ordonn. du Louvre*, année 1750 , p. 122.

[2] *Essais historiq.*, t. I, p. 8o.

tout. La suppression des repaires connus de
la débauche eut de plus graves conséquences. Ceux qui se formèrent en secret, échappant à la surveillance au milieu des ténèbres dont ils étaient forcés de s'envelopper,
devinrent des réceptacles de femmes perdues,
de prolétaires, de vagabonds et de malfaiteurs. Le système de prohibition absolue
adopté contre la débauche publique eut
donc des effets tout aussi déplorables que
ceux qui étaient sortis de la protection qu'on
lui avait accordée à des époques antérieures.
Que la vertu gémisse de l'impuissance des
lois à détruire certains abus, ses regrets
méritent nos hommages ; mais n'oublions
pas qu'un excès de sévérité n'entraîne pas
moins de dangers qu'une coupable négligence. Sans doute, en cessant de protéger,
de tolérer trop ouvertement la prostitution,
et d'en tirer un revenu ; en retranchant
d'un scandale public l'autorisation qu'il lui
avait donnée, le pouvoir se parait d'un caractère de moralité dont l'absence était évidente : il était beau, il était sage de rendre
au vice la honte dont on l'avait dépouillé ;
la raison, l'intérêt de la société et les mœurs

de l'époque s'opposaient à des mesures outrées, qui rencontreront toujours dans la constitution de l'ordre social et dans la dépravation humaine d'insurmontables difficultés.

Les troubles occasionés par les discordes civiles permirent à la licence de se fortifier et de reparaître au mépris des lois et des réglemens. On s'occupait de temps en temps de les ramener à exécution.

Dans les commencemens du dix-septième siècle, les défenses de loger les filles et femmes de mauvaise vie furent renouvelées à Paris par des ordonnances de police. Les peines des contraventions étaient l'amende plus ou moins forte, la perte des loyers pendant trois ans, la confiscation des maisons qu'on se contentait quelquefois de faire murer, le tout suivant le plus ou moins de gravité des circonstances. On enjoignit aux prostituées, tantôt de vider la ville et les faubourgs dans vingt-quatre heures, sous peine d'être emprisonnées, et leur procès être fait et parfait; tantôt d'y prendre service et condition dans le même délai, sinon d'en sortir à peine du fouet, d'être rasées et bannies à perpétuité, sans autre forme de procès.

A ces mesures en succédèrent de moins acerbes. Lorsque par quelque désordre ou scandale public, ou par la plainte de voisins gens d'honneur, il venait à la connaissance des commissaires qu'il s'était établi des femmes dans un quartier quelconque, ces officiers faisaient leur rapport, et les magistrats de police les condamnaient à déloger dans vingt-quatre heures, sinon que leurs meubles seraient mis sur le carreau, et à une amende proportionnée à leur faute. Si elles avaient déjà été chassées de plusieurs autres quartiers, alors seulement on les condamnait à vider la ville à peine de punition corporelle. S'il y en avait eu plusieurs fois de suite dans la même maison, on assignait le propriétaire ou principal locataire, et on le condamnait à l'amende, avec défense de louer sans le consentement par écrit du commissaire de quartier; parfois, on ordonnait que la maison demeurerait fermée, et que les portes seraient murées pendant six mois ou un an : il n'était plus question de confiscation, si ce n'était

des loyers de plusieurs années. En certaines
occasions, le commissaire envoyait d'office
en prison, en attendant jugement; c'était
lorsque, se transportant sur les lieux, il
y trouvait un grand désordre, ou des
femmes notées par différentes condamnations. On ne se contentait pas toujours de
jeter les meubles à la rue, on les confis-
quait au profit des pauvres. Quelques parlemens prononçaient tout à la fois le fouet,
le bannissement à temps ou perpétuel des
rues ou des villes, et l'amende toujours
trop forte pour des coupables de cette espèce [1]. Ailleurs, on ne punissait pas seulement les femmes publiques; on s'attachait
à réprimer les écarts des libertins. Le 12
août 1642 il intervint un arrêt du parlement de Rennes, défendant à toutes personnes d'aller dans les lieux de débauche,
sous quelque prétexte que ce pût être, à
peine de cent livres d'amende. Un arrêt
du parlement d'Aix, du 27 janvier 1657,
condamna à l'amende un particulier, pour

----

[1] De Lamarre, p. 525, 526; Perpillon, *Comment. sur
l'ordonn. de 1670*, t. II, p. 1558.

avoir sollicité des femmes de mauvaise vie [1].

La procédure sommaire dont nous venons de parler, usitée depuis des siècles dans le royaume, *pour les cas de débauche publique et vie lubrique et scandaleuse*, comme s'exprimaient les ordonnances de nos rois et les arrêts des parlemens, était sujette à de graves inconvéniens ; ses formes simples et promptes étaient convenables sans doute à la répression de faits de police ; mais elles n'offraient point de garanties suffisantes contre les plaintes téméraires ou les délations inspirées par la haine des particuliers plutôt que par l'amour du bien public. De simples rapports décidaient de la réputation et de la liberté des personnes qu'ils incriminaient. Les jurisconsultes s'élevèrent contre de tels abus. Comme rien n'est plus intéressant que l'honneur, disait entre autres Ferrière [2], les juges de police ne doivent point procéder témérairement pour fait de débauche ; les apparences sont quelquefois trom-

[1] Brillon, *Dictionn. des Arrêts*, t. II, p. 314, *verbo* Concubinage.

[2] *Dictionn. de Droit, verbo* Femme.

peuses, et il n'arrive que trop souvent que
la calomnie donne atteinte à la réputation
des personnes qui sont d'une conduite ré-
gulière. Il rapporte un arrêt du 12 septembre 1708, qui ordonne que les commissaires
du Châtelet seraient tenus de faire signer aux
voisins leurs déclarations, afin qu'il ne parût
point qu'on avait agi par passion, ou sur de
faux rapports : d'où il suit qu'il fallait des
dénonciateurs connus ou une information
sommaire.

L'ordonnance de Louis XIV, du 26 juillet
1713, ajouta d'autres formalités. Elle prescrivit de faire prêter serment aux voisins
avant leurs déclarations, à peine de nullité
des procès-verbaux. Si les parties déniaient
les faits qu'ils relataient, le lieutenant général de police pouvait ordonner une information. L'appel était de droit, et porté
en la grand'chambre du parlement, encore
qu'il y eût eu décret sur l'information, et
que la suite de la procédure eût nécessité
une condamnation à la réclusion dans une
maison de force [1].

Recueil judic., t. III, p. 612.

(147)

Un arrêt de réglement, du 9 décembre
suivant, en prescrivant l'exécution de cette
ordonnance, y apporta cette modification,
qu'en cas d'appel les filles ou femmes condamnées ne pourraient être menées et enfermées par provision à l'hôpital général,
et que cependant elles ne pourraient être
mises en liberté jusqu'à ce qu'il en eût été
autrement ordonné par la Cour, en statuant
sur l'appel provisionnellement ou défini-
tivement.

Le parlement de Paris, jugeant conformément à ces principes, ordonna par arrêt
du 27 octobre 1713, qu'une fille, qui avait
été constituée prisonnière pour fait de débauche, sans décret préalable, serait mise
sur-le-champ en liberté [1].

Le 6 mai 1734, une déclaration toute
pareille à celle du 26 juillet 1713 fut donnée
pour la police et correction des filles et
femmes de mauvaise vie de la ville de Rouen.

Un arrêt du parlement de Toulouse, rendu
le 16 juin 1755, sur l'appel et requête de
Guillaume Cassagnes, cassa une ordon-

[1] Ferrière, *Dictionn. de Pratique, verbo* Femme.

10*

nance des capitouls du 4 mai 1754, qui avait condamné Toinette et Jeanneton Cassagnes, ses filles, à être renfermées pendant trois ans dans le quartier de force de l'hôpital général de cette ville ; les moyens de cassation pris de ce que l'ordonnance avait été rendue sans ouïr et interroger lesdites Cassagnes, et sans conclusions du procureur du roi à l'hôtel de ville [1].

La procédure pour fait de *maquerellage* fut aussi réglée par l'ordonnance de 1713. Comme ce cas était plus grave que le fait de débauche, et qu'il entraînait d'ordinaire une peine afflictive ou infamante, le procès était instruit par récolement ou confrontation ; c'est-à-dire, que le témoin, après avoir fait sa déclaration à un officier subalterne de la police, était de nouveau entendu devant le juge en présence de l'accusé ; et que celui-ci pouvait contredire l'information écrite et les dépositions orales. Il avait aussi la faculté d'appeler de la sentence rendue contre lui.

[1] Ferrière, *loco citato, Recueil judic.*, t. VI, p. 249.

C'est dans la répression de ce délit que nos pères s'attachèrent à déployer une rigueur infamante, et des châtimens dont le mode blessait, et les principes de l'humanité, et la décence qu'on se proposait de venger. Pour eux, le courtage de la débauche était un *crime* dont ils ne parlaient qu'avec horreur. « Que font autre chose les maque-
» reaux, disait Bouchel[1], sinon remettre à
» l'entier toutes détestables servitudes abolies
» par les lois; practiquer mieux que devant
» la vente des hommes ? » — « Quant aux
» maquereaux et maquerelles, s'écriait Le-
» brun avec indignation, ils sont du tout in-
» supportables, comme ennemis de l'hon-
» neteté, traistres de la pudicité conjugale
» et virginale, assassins de la saincte société
» humaine, proditeurs de la légitime suc-
» cession des vrais héritiers, tisons de l'enfer,
» et vrais truchemens de l'esprit immonde[2]. »
Cette manière d'envisager la chose ne pouvait que produire beaucoup de sévérité dans les moyens de la punir.

[1] *Biblothèq. de Droit*, t. II, p. 610.
[2] *Procès criminel*, p. 100.

Le fait de maquerellage, par séduction de filles ou femmes honnêtes, emporta d'abord la peine capitale. Cette jurisprudence s'adoucit ; la peine cessa d'être cruelle ; elle fut toujours forte, et de plus très-indécente. On condamnait la maquerelle à être promenée sur un âne, le visage tourné vers la queue, avec un chapeau de paille ou une mitre sur la tête, et des écriteaux devant et derrière, portant les mots *maquerelle publique*, ensuite à être fouettée, marquée de la lettre M, et bannie à temps ou à perpétuité du royaume, ou de la ville, ou seulement de la rue qu'elle habitait. La fustigation s'administrait à nu, en plusieurs endroits différens, particulièrement devant la maison où le délit avait été commis, sous les regards d'une populace avide de scandale, qui courait abreuver d'ignominie la coupable, en lui prodiguant les risées, l'insulte et les vociférations.

A l'égard de ceux qui prostituaient des femmes et filles d'une vertu équivoque, ou se livrant de plein gré à la débauche, on les condamnait, savoir : les hommes au fouet, aux galères, au bannissement à temps ;

les femmes au fouet, à la flétrissure, au bannissement perpétuel hors du ressort des Cours. Certains parlemens ajoutaient le carcan; d'autres l'amende et la confiscation des biens; d'autres enfin, adoptant un système plus modéré, réformaient les sentences des juges inférieurs, en ce qu'elles condamnaient des maquerelles à être marquées, et se contentaient, dans le cas de grossesse, au lieu de les punir du fouet, d'ordonner qu'elles seraient attachées à une perche, les épaules découvertes, et que l'exécuteur des hautes œuvres, armé de verges, les promènerait en cet état dans l'intérieur de la ville, sans les frapper.

Le parlement de Rennes punissait d'une amende de mille livres les *vendries de poupées ou filleries.*

La jurisprudence changea encore relativement au bannissement. Les Cours ne bannirent plus, pour ce fait, hors du royaume, mais seulement hors de leurs ressorts, à temps ou à perpétuité. En dernier lieu, on prononçait le plus souvent la réclusion dans un hôpital.

Du reste, le plus ou moins de gravité et

de publicité des faits, et mille autres circonstances inutiles à détailler, portaient souvent le juge à prononcer une peine plus ou
moins considérable [1].

Le parlement de Toulouse se distinguait
par l'application d'une peine vraiment singulière. La patiente, les mains liées derrière
le dos, coiffée d'un casque en pain de sucre,
qui était garni de plumes, de grelots et d'un
écriteau portant les mots *maquerelle publique*, était conduite à pied par l'exécuteur
de la haute-justice, de l'hôtel-de-ville au
pont de la Garonne, et de-là tout le long du
quai, d'où un bateau transportait le digne
couple à un rocher, au milieu de la rivière.
L'exécuteur faisait entrer sa compagne de
navigation dans une cage de fer, la trem-
pait trois fois dans l'eau, en ayant soin de
la retirer assez à temps pour qu'elle ne fût
pas étouffée; après cela, il la menait *toute*

----

[1] Lebrun, *Procès criminel*, p. 8; *Code pénal ancien*, p. 243 et suiv.; Ferrière, *Dictionn.*, *verbo*
Femme; Soulatge, *Traité des Crimes*, t. I, p. 261 et
suiv.; Serpillon, *Comment. sur l'Ordonn. de* 1670,
t. II, p. 1557 et suiv., et 1082; Brillon, *Dictionn. des
Arrêts*, t. II, p. 314, *verbo* Concubinage.

fraîche à l'hôpital de la Grave, où elle était condamnée à demeurer le reste de ses jours dans le quartier de force. Soulatge, à qui j'emprunte le fonds de ce récit, nous apprend que ce spectacle, que les Gascons trouvaient très-plaisant, attirait presque tous les habitans de la ville, et que le parlement abandonna cet usage pour se conformer à la jurisprudence du parlement de Paris, qui devint générale dans le royaume.

La jurisprudence des auteurs et celle des arrêts avaient encore introduit contre le métier de la débauche publique certaines exceptions au droit commun, qui, sans être de véritables peines, étaient propres à en produire l'effet.

En principe, l'infamie de droit n'était encourue que d'après une disposition de la loi, ou en conséquence d'un jugement. Elle résultait des condamnations pour cause de maquerellage, non point de celles qui frappaient les prostituées, à la différence des lois romaines. Mais l'infamie de fait, celle qui s'attache à une conduite honteuse et qui perd de réputation dans l'esprit des honnêtes gens, *quæ apud bonos et graves opinionem et famam onerat*, suffisait pour faire rejeter en justice le témoignage des prostituées comme celui des courtiers de prostitution. Du moins, n'était-il admis que pour fait de débauche qu'il eût été presque impossible de prouver autrement, et pourvu que le témoin ne fût ni intéressé, ni complice [1].

La législation de certains peuples était d'une sévérité extrême pour le rapt de violence commis sur des femmes publiques. Les constitutions de Sicile le punissaient du dernier supplice [2]. En France, une prostituée ne pouvait porter plainte pour cause de rapt, à moins qu'elle ne se fût retirée de sa vie licencieuse, qu'elle ne se fût mariée, ou qu'elle ne fût entrée en religion [3]. Il n'y a point de violement de pudicité, disait Denisart [4], avec une fille prostituée, ou qui est trouvée dans un lieu de débauche, y fût-elle

---

[1] Lebrun, *Procès criminel,* p. 140; Serpillon, *Comment. sur l'Ordonn.* de 1670, t. I, tit. XV, art. 16, p. 720, et t. II, t. XXV, art. 13, p. 1094.

[2] *Constitution. neap. sive sicular., lib. I,* tit. XX, *leg. uniq.,* et *lib. III,* tit. XLVI, *leg. uniq.*

[3] Lebrun, *id.,* p. 18; Papon, liv. XXII, tit. VIII.

[4] T. IV, p. 837.

entrée vierge. *Stuprum non committitur cum meretrice.* On ne doit en aucun cas, ajoute-il, s'en rapporter à son serment, ni l'écouter.

Ces distinctions infamantes, les peines et les autres moyens prescrits par les lois et réglemens contre la prostitution devaient en gêner l'exercice; mais les prostituées savaient tromper la vigilance des officiers de police par un fréquent changement de quartier, et se soustraire au paiement des amendes qu'elles encouraient, par la fuite ou à l'aide des différens noms qu'elles prenaient. Cela ne pouvait guère être autrement, parce que les tribunaux avaient cessé de prononcer contre elles le bannissement hors du royaume. Leur migration forcée de ville en ville, ou de province en province, n'était pas susceptible de leur faire adopter un genre de vie différent. Le défaut de ressources et l'habitude du vice les maintenaient dans le désordre.

On imagina plusieurs moyens de remédier à cet état de choses.

Lors de la fondation de l'hôpital général de Paris, on avait eu l'idée détablir une maison de force pour renfermer les femmes de mauvaise vie, et de les y faire vivre sous une discipline proportionnée à leur sexe, à leur âge et à leur faute. Ce dessein ne reçut son accomplissement qu'en l'année 1648. Deux réglemens, l'un de cette année, l'autre de 1684, et des lettres-patentes de la même date, statuèrent qu'on enfermerait aussi dans la maison de la Salpêtrière, sur la demande des pères et mères, et en cas qu'ils fussent morts, des tuteurs, curateurs, oncles ou autres plus proches parens, même des curés des paroisses, les *filles d'artisans ou d'habitans pauvres qui auraient été débauchées, et celles qui seraient en péril évident de l'être.*

Cet établissement fut très-imparfait dans l'origine. Les gens du dehors communiquaient avec les femmes par les maisons dont il était environné. Les finances de l'Etat, épuisées par les guerres et les profusions de la cour, ne permirent d'y attacher aucun revenu, en sorte qu'on n'y recevait à peu près que les femmes pour lesquelles on payait pension, et qui pour la plupart n'ayant pas vécu dans un état de prostitution et se trouvant même de condition honnête, étaient confondues avec

les prostituées de profession. Louis XIV accorda des fonds pour des réparations et une
meilleure disposition des localités, qui ne purent contenir d'abord qu'une quarantaine
de femmes, qu'on y renfermait pour faits de
débauche publique ou de maquerellage. La
nourriture, l'habit et le traitement des nouvelles détenues, qu'on plaça dans un quartier séparé, furent réglés par les lettres-patentes ci-dessus mentionnées.

Madame de Miramion, femme d'un con-
seiller au parlement de Paris, ayant
réuni quelques filles débauchées dans une
maison du faubourg Saint-Antoine, imagina d'agrandir son plan et de la convertir
en une maison publique de détention, pour
ces sortes de femmes. Des lettres-patentes
de l'année 1665 autorisèrent cette fondation,
qui devint le modèle de tous les établissemens du même genre qui, sous le nom de
refuge, s'élevèrent successivement dans
toute la France [1].

Les maisons de force et les refuges n'é-
taient destinés qu'aux femmes de mauvaise

---

[1] Jaillot, *Recherch. sur Paris,* t. IV, p. 116.

vie, condamnées pour fait de débauche scandaleuse, à celles qui se montraient incorri-
gibles, ou à des pensionnaires. « Il y en
avait d'autres, dit le commissaire De Lamarre [1], qui gémissaient sous le poids de l'i-
niquité, sans pouvoir en sortir faute de secours ; que la honte empêchait de retourner
chez leurs parens, après une première faute,
ou qui en étant rejetées par dureté ou par indignation, étaient contraintes de demeurer
entre les mains de leurs séducteurs, et souvent de s'abandonner à de plus grands désordres. Plusieurs, sans famille, sans biens
et sans profession, souvent même éloignées
de leur pays, continuaient avec douleur et
par une fatale nécessité, à suivre ces malheureuses proxénètes de l'impureté qui
avaient abusé de leur jeunesse et de leur innocence, pour les engager dans ce mauvais
commerce. » On sentit le besoin d'ouvrir des
retraites au repentir. Madame de Miramion reçut dans son établissement, mais dans un local particulier, quelques-unes de ces femmes
qui, dégoûtées du libertinage, étaient dispo-

[1] T. I, p. 530.

sées à sacrifier librement leurs habitudes, à l'espoir d'une existence assurée et d'une vie plus tranquille.

Une jeune veuve hollandaise, protestante convertie, fonda dans le même esprit la communauté des *Filles du Bon Pasteur*, qui fut confirmée par lettres-patentes du mois de juin 1698, et eut bientôt sous différens noms de nombreuses succursales dans les différentes villes du royaume.

La difficulté de multiplier toutes ces espèces d'établissemens autant que la chose eût été nécessaire, fit recevoir dans les refuges les pénitentes volontaires, en même temps que les pénitentes forcées. Munis de lettres de cachet ou d'ordres supérieurs, les pères y faisaient enfermer leurs filles, et les époux leurs femmes dont la conduite était déréglée.

Avant la création de ces établissemens, il s'en était formé d'autres où brille au plus haut degré le génie de la bienfaisance; qui sans attaquer directement la prostitution, étaient les plus propres à diminuer le nombre de ses suppôts; qui recueillant sous l'aile de la Providence, de jeunes et pauvres orphelines, dont la beauté, l'indigence et l'abandon pouvaient exposer la vertu, les préservaient du double écueil de la misère et du vice, par l'instruction, par les principes d'une éducation chrétienne. et en assurant leurs moyens d'existence dans le monde.

Dans l'hôpital de la *Miséricorde* ou *des Cent Filles*, de Paris, autorisé par lettres-patentes du mois de janvier 1623, les filles étaient reçues à l'âge de six ou sept ans, en sortaient à vingt-cinq, sachant un métier; et l'hôpital, en les mariant, leur accordait une dot. Louis XIV ordonna que les compagnons d'arts et métiers, qui épouseraient des filles de cette maison, seraient reçus maîtres sans faire leur chef-d'œuvre et sans payer aucun droit.

Dans les maisons des *Filles de la Providence* ou de *Saint-Joseph*, fondées en 1699, et si nombreuses dans la suite, on enseignait aux orphelines les ouvrages convenables à leur sexe, jusqu'à ce qu'elles fussent en état de se marier ou d'embrasser une profession quelconque; et l'on tâchait de les établir le mieux qu'il était possible.

Tandis que la rigueur des peines contre le courtage de la débauche était maintenue, les progrès de la raison, dans le dix-huitième siècle, apportèrent quelque modération dans celles qui atteignaient la débauche même. On se borna à les condamner à la réclusion dans les hôpitaux et les refuges, pendant un temps plus ou moins long, suivant les circonstances de leur conduite ou le nombre des récidives ; et dans ce dernier cas on allait quelquefois jusqu'au bannissement hors des provinces ou des villes. Dans les maisons de force, on leur administrait la peine du fouet à titre de correction, et d'une manière purement arbitraire. Celles qui étaient rebelles ou ne se rangeaient pas à leur devoir, dit un écrivain très-bien informé [1], étaient renfermées plus étroitement et châtiées par les verges, la privation de viande et de vin, et par d'autres moyens efficaces.

J'ai déjà dit que les peines contre les prostituées n'étaient point infamantes. Tant par cette considération, que parce qu'on regardait comme une action méritoire devant

[1] *Hist. des Ordres monast.*, t. IV, p. 248.

Dieu, d'épouser une fille publique pour la retirer du désordre où elle vivait, les tribunaux s'étaient mis dans l'usage d'exempter les femmes de mauvaise vie condamnées à être enfermées pour leur mauvaise conduite, du châtiment qui avait été prononcé contre elles, sur l'offre qu'on faisait de les épouser. Je puis en rapporter quelques exemples.

Par arrêt du 17 mars 1716, le parlement de Paris eut égard aux offres que deux garçons firent d'épouser deux filles qui avaient éprouvé une pareille condamnation, et ordonna, sur les conclusions de M. le procureur-général, qu'il serait passé outre à leurs mariages, savoir : de Marie-Anne Duvivier, dite *Beaurepaire*, avec Joachim Gagne, et de Reine Dupré avec Antoine Philippe, dans l'église de Saint-Barthélemy de Paris, où les filles seraient conduites sous bonne garde par l'huissier Roseau, des prisons de la Conciergerie, pour, en sa présence, être procédé à la célébration des deux mariages, et être ensuite remises à leurs maris; sinon, en cas de refus des garçons, être ramenées à la Conciergerie.

Autre arrêt semblable, du 20 juillet

de la même année, en faveur d'une veuve
aussi condamnée à être enfermée pour débauche [1].

Ainsi, sous le joug de la contrainte, par
un honteux accord de la bassesse et du vice,
et par la profanation du plus saint de tous
les contrats, des coupables échappaient aux
punitions qu'on avait cru devoir leur infliger ; ainsi nos parlemens s'arrogeaient le
droit de faire grâce ; ainsi, sans publication
de bans, sans le consentement du propre
curé, sans la permission de l'évêque et par
la seule autorité du juge séculier, se consom-
maient des engagemens qui n'étaient qu'un
moyen de se livrer au libertinage avec plus
de sécurité. On a droit de s'étonner que la
jurisprudence des tribunaux eût admis
un usage aussi contraire aux règles de la
raison et de la bienséance, aux lois de l'E-
glise et de l'Etat.

Les peines contre les prostituées avaient
été un peu adoucies ; la conduite de l'autorité à leur égard était encore bien révoltante
sous quelques rapports. Les emprisonne-

----

[1] Serpillon, *id.*, t. II, tit. XV, art. 13, p. 1094.

mens étaient arbitraires, d'une durée dispro-
portionnée avec le caractère des faits pour
lesquels ils avaient lieu. Dans certaines circonstances, on violait ouvertement envers
ces malheureuses tous les principes de justice, tous les sentimens d'humanité. Un
fait curieux dans l'histoire de la prostitution donnera la preuve de ce que j'a-
vance.

Lorsque le système de Law commençait
à tomber, ce financier imagina, pour en empêcher la ruine, de donner aux actions de sa
banque un fondement du moins fictif, qu'il
fit porter sur les prétendues richesses qui re-
viendraient du Mississipi. C'était, disait-il,
une terre de promission, abondante en den-
rées de toute espèce, en mines d'or et d'argent ; il ne s'agissait plus que d'y envoyer
des colons qui, en s'y enrichissant eux-
mêmes, seraient encore les auteurs des richesses de la France. Cet appât ne réussis-
sant pas, on prit tous les garnemens et les
filles publiques qui étaient dans les prisons
et les maisons de force, et on les fit embar-
quer sous prétexte de vagabondage. On sut
depuis que presque tous les malheureux ob-

jets de ces violences inouies, conduits à main armée, livrés pour toute subsistance à la charité des provinces qu'on leur faisait traverser, avaient péri en route, dans la traversée ou dans la colonie[1].

Dans quelques villes, les prostituées étaient encore assujetties à porter l'uniforme de leur profession. En 1775, à la foire de Beaucaire en Languedoc, les officiers municipaux leur enjoignirent de porter à leur coiffure une rosette de ruban jaune, qui pût les faire distinguer, et pour laquelle on exigeait douze sous.

On renouvelait de temps en temps les dispositions des anciens réglemens. C'est ce que ne manquaient point de faire les magistrats de police, à leur entrée en charge, pour se donner un air d'importance et s'attirer la considération publique.

Un arrêt du parlement de Toulouse, du 6 mars 1776, prescrivit une enquête sommaire dans toute la ville, quartier par quartier, pour découvrir toutes les filles et femmes de vie scandaleuse et prostitution publique ; or-

---

[1] Duclos, *Mémoires sur la Régence*.

donna que sur le rapport à la Chambre du conseil de l'Hôtel-de-Ville, en présence des parties assignées ou autrement appelées, le fait étant juridiquement constaté, les filles et femmes, natives de la ville, banlieue et diocèse de Toulouse, ou qui y seraient domiciliées depuis cinq ans, seraient renfermées dans la maison de force de l'hôpital-général; que les étrangères, également convaincues, seraient chassées pour toute leur vie de la ville et de sa banlieue, avec défense d'y rentrer, à peine d'être attachées au pilori, avec écriteau devant et derrière, contenant les mots *prostituée publique*; d'être ensuite renfermées dans la maison de force de l'hôpital-général pendant six ans, et ce temps expiré, d'être de nouveau chassées sous plus grande peine en cas de récidive. Cet arrêt de réglemens portait, entre autres dispositions tendantes à assurer son exécution, que les parens et autres personnes qui auraient favorisé la prostitution, seraient compris dans les poursuites [1].

A Paris, une ordonnance de police du

[1] *Recueil judiciaire,* p. 194.

6 novembre 1778, défendit à toutes femmes et filles de débauche de raccrocher dans les rues, sur les quais, places et promenades publiques et sur les boulevards, même par les fenêtres, à peine d'être rasées et enfermées à l'Hôpital, et de punition corporelle en cas de récidive ; enjoignit à toutes personnes tenant hôtels, maisons et chambres garnies, d'écrire jour par jour sur des registres cotés et paraphés par les commissaires de quartier les personnes qu'ils logeraient ; de mettre les hommes et les femmes dans des chambres séparées, et de ne souffrir dans des chambres particulières des hommes et des femmes prétendues mariées, qu'autant qu'ils représenteraient des actes en forme de leur mariage, ou des certificats délivrés par gens notables et dignes de foi ; le tout à peine de deux cents livres d'amende.

Par arrêt du réglement du parlement de Bordeaux, du 21 juin 1786, il fut ordonné que toutes femmes et filles n'ayant aucune profession connue, et désignées sous le nom de *femmes du monde*, seraient tenues de vider la ville et banlieue dans quinzaine après la publication dudit arrêt.

On trouve dans tous ces actes de nouvelles défenses aux propriétaires, locataires et logeurs, de louer ou sous-louer des maisons, appartemens ou chambres, à des filles ou femmes de débauche, de les recevoir, de leur accorder retraite. De fortes amendes furent imposées pour les contraventions. On restreignit la faculté de louer ; on prescrivit des obligations aux locateurs, et l'on établit des peines contre les locataires qui les auraient surpris et trompés.

On tenait beaucoup à cette partie de la discipline contre la débauche publique, parce qu'on s'était convaincu que les mesures d'expulsion étaient sans effet par la facilité qu'avaient les prostituées de se dérober aux recherches de la police, en se logeant dans des maisons tranquilles, non suspectes, où la cupidité leur donnait asile.

A Paris, une ordonnance de police du 8 novembre 1780, défendit à tous marchands et autres personnes de leur louer ou prêter des hardes, vêtemens ou ajustemens pour se parer, à peine de trois cents livres d'amende et de confiscation desdits objets. Cette même ordonnance et une autre du 21 mai 1784,

firent défenses aux cabaretiers et autres marchands de boissons de recevoir chez eux des
femmes de débauche, à peine de cent livres
d'amende.

L'arrêt précité du parlement de Bordeaux
ordonna la réduction du nombre des cafés et
billards, qui étaient devenus dans cette ville
des repaires de prostitution [1].

Après avoir fait connaître les lois, ordonnances et réglemens rendus contre la débauche publique, il ne sera pas indifférent de
présenter quelques détails sur la manière
dont la police les exécutait vers la fin du dix-
huitième siècle.

Les femmes et filles surprises raccrochant
dans les rues, étaient arrêtées sur-le-champ
et conduites devant le commissaire du quartier, qui les envoyait en prison où elles
restaient jusqu'à ce qu'elles fussent tra-
duites devant le magistrat, qui les condamnait ordinairement à être renfermées dans
une maison de force pendant trois mois pour
la première fois, et plus long-temps si elles

[1] Desessarts, *Dictionn. de Police*, verbo Femme,
p. 621 et suiv.

étaient arrêtées de nouveau pour le même fait.

Il leur était défendu de faire dans le jour des signes aux passans.

Quand il s'élevait des querelles dans les lieux de prostitution, le premier commissaire qui en était averti, s'y transportait avec la garde, faisait arrêter les femmes et les emprisonnait, qu'elles fussent coupables ou non. Il suffisait qu'il y eût eu du tapage chez elles. Si les hommes qui se trouvaient là étaient des gens sans aveu ou mal notés, il les faisait également conduire en prison.

On procédait de même, lorsque les voisins se plaignant des filles qui habitaient dans le quartier, les commissaires s'y transportaient au milieu de la nuit, et les trouvaient faisant du bruit et occasionant du scandale.

Les indécences qu'elles se permettaient à leurs fenêtres ou qui étaient aperçues par les voisins, les exposaient également à être arrêtées et renfermées.

Un inspecteur de police [1] était chargé de

____

[1] Les inspecteurs de police étaient des officiers qui,

leur surveillance. Il avait un pouvoir presque absolu sur cette portion malheureuse et dégradée de l'espèce humaine ; et cette souveraineté lui valait chaque année plus de trente mille livres : aussi appelait-on cette partie de la police, *le département des demoiselles*. Tous les lieux de prostitution étaient inscrits sur le registre de cet officier qui devait veiller avec la plus scrupuleuse attention à ce qu'on n'y reçût pas des filles qui n'avaient pas encore été prostituées. Lorsqu'il s'y présentait une fille inconnue, on devait la conduire chez l'inspecteur qui l'interrogeait; et si c'était une première incartade, il devait en rendre compte sur-le-champ au magistrat, qui faisait remettre la fille à ses parens. Toute entremetteuse qui osait se soustraire à cette obligation, courait risque d'être sévèrement punie.

Cet inspecteur de police, avec des attribu-

établis en 1708 au nombre de quarante pour s'occuper des divers objets de police et de surveillance dans Paris, furent réduits à vingt par un édit du mois de mars 1740. La finance de leur charge fut taxée à 7,500 livres. Le tour de bâton leur rapportait, dit-on, bien davantage.

tions aussi étendues, aurait pu faire beaucoup
de bien ; mais l'on se ferait difficillement une
idée des abus, des malversations, des infa-
mies qu'il commettait. Non-seulement tout
ce qui pouvait flatter ses goûts et ses capri-
ces lui était prodigué par les scuteneuses de
maisons de débauche ; non-seulement il dis-
posait des personnes et de la liberté d'un peuple de femmes, dont on étendait même le
cercle à d'autres qui n'étaient rien moins que
prostituées ; non-seulement l'inspecteur des
filles jouissait de tous ces droits abusifs,
comme les anciens seigneurs féodaux de
celui de culage ; mais encore il levait des
impôts ou contributions sur ces malheureuses.

Quand M. l'inspecteur avait besoin
d'argent, il faisait répandre chez les maquerelles et les filles en chambres garnies qu'au
premier jour il ferait sa visite de nuit, et
qu'il ferait enlever celles contre qui on lui
avait porté des plaintes ou qui ne se condui-
saient pas bien ; c'étaient, comme on peut le
penser, celles qui ne lui avaient rien envoyé
pendant un mois ou six semaines. Alors les
cadeaux, l'argent, les présens lui venaient

de toutes parts, et les hautes maquerelles ne manquaient point de couronner ces contributions par l'envoi de quelque jeune fille nouvellement séduite, et dont M. l'inspecteur avait les premières faveurs, ou du moins des faveurs encore fraîches et dont la publicité n'avait point encore fait perdre le mérite.

Mais comme les badauds de Paris auraient beaucoup crié si l'on n'avait point exécuté de temps en temps quelque enlèvement, M. l'inspecteur n'en faisait pas moins ses tournées de nuit chez les malheureuses qui ne pouvaient donner ni argent, ni jolies filles, ni bijoux. Celles-ci étaient donc enlevées, quand elles n'avaient point le bonheur d'être soutenues ou d'intéresser les mouchards de la police.

Cet enlèvement se faisait ordinairement par le ministère d'un commissaire et de l'inspecteur de police, qui avaient commission du roi ou du lieutenant de police pour cet objet.

On enlevait tous les mois sans beaucoup de façon trois à quatre cents femmes publiques. Celles qui avaient quelque argent se tiraient d'affaire. On mettait les malades à l'hôpital pour les guérir ; les autres étaient conduites en prison.

Au bout de quelques jours, celles-ci paraissaient à l'audience du lieutenant de police, qui les condamnait sur le vu d'une information faite à la diable, les unes à l'hôpital pour un mois, d'autres pour trois, six, plus ou moins ; quelques-unes étaient renvoyées.

Cette audience publique offrait bien la scène la plus grossière, la plus scandaleuse que l'on pût voir. Ces femmes étaient amenées dans une voiture couverte, au bas de l'escalier du Châtelet, et de-là conduites dans la salle. Pendant leur traversée et à leur arrivée à la salle, on les entendait jurer, crier, menacer, insulter les passans, hommes et femmes, et dire tout ce qu'une honteuse lubricité leur suggérait. Quelques-unes pleuraient, se déchiraient les habits ; d'autres se découvraient de la manière la plus indécente, et bravaient en quelque sorte la colère ou l'indignation du magistrat par leurs postures, leurs grimaces et leurs propos injurieux ; d'autres, enfin, lui faisaient la révérence, et il ne faisait que répéter gravement : *A l'hôpital, à l'hôpital.*

Des filles innocentes et que la timidité empêchait de répondre, se trouvaient quelquefois confondues avec ces malheureuses.

Ces sortes d'accusées n'avaient point de défenseurs devant le tribunal qui les jugeait. Elles recevaient leur sentence à genoux.

Au total, ce spectacle était un sujet de récréation pour les badauds, les vieux libertins et les jeunes filles qui s'y rendaient en assez grand nombre.

Le lendemain, on les faisait monter dans un long chariot découvert ; elles étaient debout et pressées. C'étaient de nouveaux pleurs et gémissemens de la part des unes ; les autres se cachaient le visage ; les plus effrontées soutenaient les regards de la populace qui les apostrophait ; elles ripostaient indécemment et bravaient les huées qui s'élevaient sur leur passage. Ce char scandaleux traversait une partie de la ville en plein jour ; les propos que cette marche occasionait étaient encore une atteinte à l'honnêteté publique.

Les plus huppées et les matrones obtenaient, avec un peu d'argent, la permission d'aller dans un chariot couvert.

Outre les filles que l'on enlevait la nuit *de police*, il y en avait qu'on ne pouvait arrêter chez elles que par *ordre du roi;* c'étaient celles qui étaient dans leurs meubles ou domiciliées, et les femmes entretenues. L'usage était de les laisser en prison un an; elles ne paraissaient point à l'audience et étaient conduites dans le lieu qu'avaient désigné ceux qui les avaient fait arrêter : ceux-ci étaient ordinairement des parens, des amans trompés, des entreteneurs dupés, des gens puissans, c'est-à-dire riches, qui voulaient empêcher leurs fils ou parens de *s'amouracher d'une gueuse;* alors sans trop s'embarrasser de la qualité de la fille, elle était enlevée, coffrée moyennant quelques louis ou la protection de M. l'inspecteur. C'était l'abus des lettres de cachet appliqué à ce genre d'autorité [1].

Cette manière de classer parmi les prostituées du dernier rang les femmes entretenues, de les noter de la même infamie, de les assujettir comme elles à des visites, à des enrôlemens; de les livrer à l'arbitraire, à la

[1] *Encyclop. méthod., verbo* Prostitution, p. 680.

rapacité, aux menées des agens subalternes
de la police, était une véritable injustice,
une atteinte gratuite à la liberté individuelle. C'était étendre le champ de la prostitution au-delà de ses limites, et multiplier sans
nécessité les vices de l'espèce humaine ; c'était
ouvrir une carrière sans bornes au despotisme de la police, que l'erreur du zèle, l'en-
gouement moral, la cupidité et le caprice
entraînaient à une inquisition et à des méprises fâcheuses pour l'honneur et la tranquillité des familles. Sans doute, il existe en général beaucoup d'immoralité parmi les femmes entretenues ; et c'est dans leur sein que
se recrute la prostitution vulgaire : mais cette
circonstance et toute leur dégradation, et
toute leur inconduite ne les placent pas sous
la main de la police, et ne leur enlèvent pas
le droit qu'elles ont à la protection des lois.
Tant qu'elles vivent avec ceux à qui elles se
sont en quelque sorte données à loyer, elles
ne sauraient être confondues avec les prostituées *vulgivagues*. Il n'est pas de la compétence du pouvoir politique de connaître des
fautes de la conduite privée ; la loi interdit
aux magistrats toute autorité coërcitive ou

réprimante sur les actions individuel-
les, lorsqu'elles ne troublent pas sensible-
ment la décence et la tranquillité publiques.

On croyait arrêter la prostitution par des
mesures violentes, par des châtimens, des
amendes, des emprisonnemens; on était do-
miné par des idées d'abolition; on ne comptait pour rien les tristes résultats d'une expérience acquise; on ne voulait pas voir qu'indépendamment des causes générales et cons-
tantes qui soutiennent ce vice, les moyens
adoptés pour le combattre, eussent-ils été
plus sages, manquaient à la fois de cette uni-
formité, de cet ensemble et de cette exactitude d'exécution qui auraient pu en assurer
le succès; que les passions, l'intérêt des particuliers et la connivence des agens subalternes de la police, triomphent tôt ou tard
des rigueurs de l'autorité; qu'il est impossible que sur cette multitude de femmes publiques qui inondent la capitale et les autres
grandes villes du royaume, il n'y en ait pas
un certain nombre qui, échappant à toute
surveillance et reparaissant peu à peu, deviennent le centre de ralliement du ban et
de l'arrière-ban de la prostitution; que ce

désordre, qu'on attaquait comme une source de la dépravation publique, en est de plus l'effet et la preuve, et que, malgré les progrès des lumières, la corruption extrême des mœurs dans la dernière période législative que nous venons de parcourir, devait aggraver le fléau de la débauche et neutraliser les moyens de répression.

Quel pouvait être le fruit de cette défense des lieux de prostitution, solennellement arrêtée aux états d'Orléans, proclamée et tant de fois renouvelée par le pouvoir, tandis que ceux qui en occupaient le faîte, affichaient dans leur conduite le mépris des lois et des bienséances, entretenaient la licence par l'éclat de leurs désordres, l'encourageaient par l'autorité de leurs exemples, et que leurs débauches étaient le foyer propagateur de la débauche publique. Entre autres preuves que je pourrais administrer à l'appui de cette assertion, je me contenterai de rappeler que Catherine de Médicis faisait servir à sa politique, en les prostituant, les *honnêtes dames et damoiselles* de la cour, qui appartenaient aux familles les plus illustres de la France ; qu'on frappa des médailles en l'honneur de

cette fière duchesse de Valentinois, qui s'in=
dignait du nom de concubine et se faisait
honorer comme une reine; que le règne de
Henri III fut celui des mignons ; que le plus
grand et le meilleur de nos rois, sans réserve
dans ses galanteries, eut publiquement plusieurs maîtresses ; qu'il produisait dans les
assemblées publiques, dans les grandes so-
lennités, sa *charmante Gabrielle;* qu'il en reconnut les bâtards et qu'il porta le deuil de
sa mort ; que les grands et les ecclésiastiques,
partageant ce dévergondage moral, se livraient au plus honteux libertinage; que le
cardinal de Richelieu, roi sous le titre de ministre, avait des maîtresses; que beaucoup
de prêtres entretenaient des filles, et qu'à cause
de leurs dissolutions, ce nom de prêtre em-
portant une espèce de flétrissure, ne s'em-
ployait presque plus dans le monde que pour
désigner un ignorant et un débauché, et que
traiter de prêtre un homme de condition,
c'était lui faire insulte [1]; enfin que les églises servaient de rendez-vous et de marchés
de débauche.

[1] *Vie de saint Vinc. de Paule,* t. I, p. 2, édit. in-4°.

Les exemples de Louis XIV furent de plus dangereuse conséquence, parce qu'on devait d'autant plus imiter les actions d'un monarque qui, rapportant tout à lui, ne voyant dans l'Etat que lui-même, au milieu des prestiges de la gloire et de la magnificence, commandait à l'opinion et donnait le ton à sa cour. On sent quel coup funeste durent porter à la morale publique l'éclat de ses amours et le rang qu'il donnait à ses maîtresses. Logées dans son palais, partageant avec lui les hommages dus au rang suprême, elles le suivaient même dans ses campagnes, dans les villes frontières, placées dans le même carrosse que son auguste épouse, aux yeux des peuples qui accouraient, disaient-ils, *pour voir les trois reines*. Le scandale de ces désordres prépara ceux de ses successeurs. Ma plume se refuse à retracer les incestes du régent, la licence effrénée des bacchanales du Palais-Royal et du Luxembourg, des *petites maisons* et *du Parc-aux-Cerfs*. A ses débauches secrètes, Louis XV joignait le spectacle de ses liaisons avec des maîtresses déclarées. La marquise de Pompadour fut longtemps la favorite de ce prince et l'arbitre

des destinées de la France. Elle fut rempla-
cée par une courtisane qui passa d'un tri-
pot dans le palais des rois [1].

Les femmes titrées imitèrent la cour; les
seigneurs rivalisèrent de dépense et d'osten-
tation pour enrichir des filles entretenues;
le libertinage devint une mode, la débauche prit en quelque sorte ses lettres de
noblesse.

Les désordres devinrent publics; la corruption se montra sans voile et sans retenue;
et d'autant plus contagieuse qu'elle se présentait sous un vernis de politesse et d'ama-
bilité, elle se communiqua aux classes
inférieures, et excita les déportemens de la
multitude.

Le gouvernement semblait favoriser l'incontinence et la dissolution par la protection
qu'il accordait aux femmes de théâtre. Par
un fatal privilége, une jeune personne qui
voulait se livrer à la débauche, et se soustraire en même temps à l'autorité paternelle
et aux lois de police, n'avait qu'à se faire en-

____

[1] *Anecdotes sur madame la comtesse Du Barry.*
Londres, 1776.

rôler à la Comédie ou à l'Opéra; elle était
exempte de toute tutèle civile et domestique;
elle pouvait se prostituer sans que ses parens ni la police pussent s'y opposer. Une
femme qui se trouvait trop gênée avec son
mari usait du même moyen, et celui-ci n'avait
plus d'inspection à exercer sur sa conduite.
La débauche était là dans un port assuré.
Outre les personnes nécessaires, on en inscrivait une foule qui n'avaient aucun talent,
et qui ne faisaient mettre leurs noms sur les
registres que pour se soustraire à toute inquisition de police ou de famille; quelques-
unes ne faisaient que s'y montrer pour avoir
en quelque sorte leur passe-port de mauvaises
vie et mœurs.

La soif ardente de l'or qu'alluma le système de Law, pervertit les ames ; sa chute ,
en bouleversant les fortunes, en causant la
ruine d'une foule de gens , accrut la démoralisation; l'indigence , pour réparer ses pertes,
vendit la beauté, sacrifia l'honneur.

La débauche publique ne connut plus de
bornes, le nombre de ses suppôts devint ef-
frayant. On comptait à Paris, sous le règne de
Louis XV, jusqu'à trente-deux mille *filles*

inscrites à la police, qui réunies à celles des autres villes du royaume composaient une armée formidable par ses vices et par le venin pestilentiel qu'elle inoculait à la population. Les maisons de force, les refuges, les hôpitaux éclaircissaient leurs rangs; l'impulsion du désordre les repeuplait sans cesse.

Ce qui pourra paraître extraordinaire et qui n'est pas moins vrai, c'est que le libertinage était entretenu par quelques-uns des moyens qu'on lui opposait, je veux dire par l'extrême sévérité des peines contre les conjonctions criminelles ou simplement illicites.

En effet, le viol, le rapt par violence ou séduction, les crimes contre nature étaient punis de mort.

Dans certains parlemens, on avait confondu le simple commerce des deux sexes avec le rapt de séduction, et l'on punissait l'un et l'autre de la même peine que le rapt de violence [1].

Sur la plainte en subornation que portait

---

[1] Theveneau , *Comment. sur les Ordonn.*, liv. IV, tit. XVI, art. 1, p. 533.

une fille enceinte, et sur la preuve de quelque liaison ou fréquentation, on condamnait l'accusé au dernier supplice.

Un arrêt du parlement de Toulouse, du 18 janvier 1558, débouta Laurent Cotali, maçon condamné à perdre la tête pour rapt commis sous couleur de mariage, *nomine matrimonii*, de son pourvoi en grâce. Il fut exécuté à Saint-George à Toulouse.

Par arrêt de 1583, le parlement de Paris condamna un clerc de Palais, qui avait rendu enceinte la fille d'un président aux enquêtes, à être pendu, bien que la fille, majeure de vingt-cinq ans, déclarât vouloir l'épouser [1].

Cette jurisprudence était atroce. Pendant un certain temps le mariage en fut le correctif. Sur la requête de la fille qui demandait à épouser celui qu'il lui plaisait d'appeler son suborneur, et sur le consentement que la crainte de la mort arrachait au condamné, on le menait, les fers aux pieds, à l'église où il épousait son accusatrice. L'alternative était forte, il fallait opter entre la corde et le ma-

___
[1] Larocheflavin, *Arréts notab.*, liv. III, p. 293.

riage, et le choix ne pouvait guère être dou-
teux. L'usage d'autres parlemens diffé-
rait seulement en ce que le mariage ordonné par la justice prévenait la condamnation.

Une déclaration du 22 novembre 1730
ne voulut plus que le mariage exemptât en
pareil cas de la peine capitale.

Dans la suite, on ne prononça contre l'auteur de la grossesse qu'une condamnation à
des dommages-intérêts plus ou moins considérables suivant la qualité et la fortune des
parties ; on le condamnait en outre à se char-
ger de l'enfant, à pourvoir à sa nourriture ;
à le faire élever dans la religion catholique,
et à une somme pour les frais de couche ; et
si le commerce charnel avait été la suite d'une
promesse de mariage, on adjugeait à la fille,
à titre de dot, des dommages plus ou moins
forts suivant la qualité des parties. La maxime
aut ducat aut dolet était régulièrement observée. Quelquefois, on prononçait une au-
mône ou une amende [1].

L'article 3 de la déclaration précitée établit

___

[1] Serpillon, *Code crimin.*, t. II, p. 1475 et suiv. ;

des peines arbitraires contre la fornication,
lors même qu'elle avait lieu entre personnes libres et qu'elle était dépouillée de tout caractère de rapt ou violence de la part de l'homme
si la femme se trouvait d'honnête condition. Le pouvoir des juges allait jusqu'à
condamner à mort, *si la qualité et l'indi-
gnité des coupables paraissaient l'exiger;* cette
rigueur extraordinaire avait pour objet d'assurer la pureté des mœurs domestiques et la
liberté des mariages, de maintenir l'inégalité des conditions, de conserver autant que
possible pures de tout mélange de sang ro-
turier les familles à parchemins. On condamnait à la peine capitale, ou tout au moins à
une autre peine afflictive, le domestique
qui avait suborné la femme, la fille ou
la nièce du logis; le maître de musique, de
danse, qui avait séduit son écolière; le médecin, le tuteur qui avaient séduit, l'un sa ma-
lade, l'autre sa pupille; le geôlier qui avait
abusé de sa prisonnière [1]. Mais par un de ces

Rousseau de Lacombe, p. 12; Guy Pape, p. 264; Denisart, t. II, *verbo* Grossesse, p. 586.

[1] *Statuts de Bordeaux,* p. 123 et 124; Serpillon,
Cod. crimin., t. I, p. 124; Rousseau de Lacombe,

priviléges aristocratiques, aussi outrageans pour l'humanité que pour la justice, si le seigneur commettait cet acte avec la fille de son vassal, il ne subissait que des condamnations pécuniaires; le père de la fille gagnait son affranchissement de la foi et hommage qu'il devait, et de toutes redevances de son fief; tandis que le vassal qui osait forniquer avec la fille de son seigneur, outre les peines ordinaires, perdait son fief et toutes ses dépendances; et la noble demoiselle *était crue sur son serment qu'elle avait été déflorée.*

Ce privilége était dangereux à l'amant feudataire, en ce qu'il pouvait ouvrir la porte à d'injustes dépossessions. Pour l'honneur des nobles filles de nos anciens suzerains, je me plais à croire que, désintéressées dans leurs tendres faiblesses, et par pudeur autant que par générosité, elles servirent rarement les calculs qu'une basse cupidité put faire surgir dans les têtes à perruque de leurs augustes parens.

La peine était moins forte contre le domes-

Matière crimin., p. 12, 13; *Coutumier général,* t. IV, chap. 10.

tique, lorsque la maîtresse déclarait lui avoir
fait des avances; dans ce cas, il était condamné *seulement* aux galères ou au bannissement [1].

La femme convaincue d'adultère était
condamnée à être renfermée dans un couvent ou dans un hôpital pendant deux ans :
si dans ce délai le mari ne la reprenait pas,
ou qu'il vînt à décéder, elle était rasée, voi-
lée, vêtue comme les autres religieuses et filles de la communauté, pour y vivre le reste
de ses jours selon la règle de la maison; elle
perdait son douaire, sa dot, son préciput et
les autres avantages portés par son contrat
de mariage; le mari n'était tenu qu'à une
pension fixée par le jugement. On prononçait contre le complice, suivant les circonstances, des défenses de récidiver, l'admo-
nition, le blâme avec dommages-intérêts,
le bannissement, l'amende honorable, les galères, quelquefois la mort. Les maris qui
redoutaient l'éclat des formes judiciaires,

---

[1] Lebrun, *Procès criminel*, *verbo* Fornication,
p. 11; *Arrêt du 3o janvier 1694, Journal des Aud.*,
t. V, liv. X, chap. 4; *Nouveau Répert. de Jurisp.*,
verbo Fornication.

prenaient le parti plus leste et moins bruyant de faire séquestrer leurs femmes en vertu de lettres de cachet[1].

Avec une telle législation, le libertinage, entouré de dangers, sujet aux plus fâcheuses conséquences, gêné par la terreur des châtimens, n'avait pour ainsi dire qu'une issue dans la prostitution. Un commerce fréquent avec des femmes de mauvaise vie nuisait sans doute à la considération; on n'avait pas à trembler pour sa fortune, pour sa liberté, pour sa vie.

Cet abus, que tant d'autres causes concouraient à fortifier, funeste aux mœurs, ne l'était pas moins à la santé publique. La maladie vénérienne étendait ses ravages en raison de l'insuffisance des hôpitaux, de la crainte qu'inspirait leur régime et de l'imperfection des moyens curatifs. Ce n'est qu'en 1780 qu'on adopta pour les enfans qui avaient reçu ce poison destructeur des auteurs de leurs jours, la méthode aussi simple que naturelle de les traiter par le moyen de leur mère ou de leur nourrice. Dans la capitale, ils étaient reçus

[1] M. Merlin, *verbo* Adultère, p. 142, 149.

à l'hospice de Vaugirard ; les autres malades
vénériens, pauvres, étaient admis à Bicêtre ;
il y en eut ensuite à l'Hôtel-Dieu et à la Salpêtrière, et voici comment ils y étaient traités. Chaque salle contenait plusieurs rangs
de lits, dont chacun servait à quatre et même
à huit malades, les uns restant étendus par
terre depuis huit heures du soir jusqu'à une
heure du matin, et faisant alors lever ceux qui
occupaient le lit pour les remplacer. Vingt-
cinq lits servaient ordinairement à deux cents
personnes dont les deux tiers mouraient. Ce
n'est pas tout : les malades étaient, d'après les
arrêtés de l'administration, châtiés et fusti-
gés avant et après leur traitement ; cet horrible état de choses subsistait au dix-huitième siècle. Une délibération de l'année 1700
renouvela l'ordre de fustiger les malades. Le
nombre de ceux qui entraient à Bicêtre an-
nuellement n'était que de six cents, tandis
que les demandes pour y être admis montait
à plus de deux mille, et c'était à peine le
quart de ceux qui avaient besoin de secours ;
la plupart étaient retenus par le peu d'espoir
qu'ils avaient d'y être reçus et par la déplorable situation de ceux qu'on admettait. Si

l'on ajoute que ceux qui demandaient à entrer restaient inscrits pendant plus d'un an sur une liste d'admission avant qu'on pût les recevoir; que les hôpitaux de province présentaient moins de ressources que ceux de Paris ; on se fera une idée du tableau des maladies et de leurs effets sur la population [1]; dans l'intervalle de 1785 à 1789, sur six cents personnes qui passaient, année commune, par les grands remèdes, il mourait quarante hommes et quarante-cinq femmes [2].

L'ancienne police ne fit presque rien pour diminuer les ravages de cette contagion, pour en préserver autant que possible les individus. Elle ne pratiquait point ces visites régulières des prostituées, auxquelles on procède assez fréquemment dans quelques-unes de nos grandes villes. Cette négligence tenait en partie à une fausse idée de religion; on se plaisait à regarder la maladie vénérienne comme un fléau que la vengeance céleste avait

[1] *Rapport du Conseil général des Hospices,* 1816, p. 76 et suiv.; 3e *appendice à l'ouvrage de lady Morgan sur la France,* p. 455.

[2] *Encyclop. méthod., police et municip., verbo Vénér.,* p. 814.

envoyé sur la terre pour servir de peine
et de frein à l'incontinence. De bons esprits
avaient beau observer que les hommes
avaient toujours été débauchés, et qu'il pa-
raissait pourtant qu'ils n'avaient pas toujours
été exposés à ce mal; qu'il n'y aurait d'ailleurs aucune justice dans cette peine, l'inno-
cent en étant atteint aussi bien que le coupable; que d'ailleurs les vues de la Providence n'étaient qu'imparfaitement remplies
par l'infliction de cette peine : le préjugé
n'exerçait pas moins son funeste empire, et
une femme de mauvaise vie pouvait tout à
son aise infecter le public du venin contagieux qui la rongeait, et dont elle tâchait de
dérober la connaissance par la crainte d'une
longue captivité et des autres souffrances qui
l'attendaient dans les hôpitaux dont on avait
fait des maisons de force et de correction.
On pouvait guérir dans ces maisons, on ne
s'y corrigeait pas plus que dans les refuges
et les maisons de pénitence volontaire, dont
on eut la gaucherie de faire aussi des prisons, et dont l'indigence et le désespoir
plus que le repentir faisaient franchir le seuil
redoutable.

De ce que je viens d'exposer il faut donc conclure que l'attirail des lois, des réglemens, des institutions contre la débauche publique, fut insuffisant pour l'extirper et ne la réprima que faiblement. La dépravation constante des mœurs, les variations d'une législation tour à tour prohibitive, protectrice ou tolérante, s'opposèrent à l'effet des lois même ; les moyens de rigueur ne produisirent de résultat positif qu'un excès d'avilissement et d'infortune pour des créatures que leur profession seule rend déjà si méprisables et si malheureuses. Nos pères avaient lu dans la Bible qu'il ne devait y avoir ni prostituées, ni libertins parmi les enfans d'Israël ; *non erit meretrix de filiabus Israël, nec scortator de filiis Israël* [1]. Ils firent de ce précepte religieux la base des réglemens contre la débauche publique ; ils voulurent en pousser l'application jusqu'aux dernières conséquences ; et ce fut là le vice capital de la législation. Si elle fut protectrice, ce ne fut qu'à certaines époques, où la barbarie rendait peu éclairé et peu délicat sur le choix

______

[1] *Deuteron.,* chap. 23, v. 17.

des moyens de discipline ; elle ne fut tolérante que par lassitude, par impuissance de
faire triompher l'esprit de prohibition dont
elle était animée, et qui éclata avec plus de
force et d'inopportunité que jamais lors du développement de l'infection syphilitique. Il est
vrai que ses ravages étaient affreux ; elle n'é-
pargnait ni papes, ni rois, ni cardinaux; elle
faisait à la population des maux incalculables.
C'étaient de justes motifs sans doute de re-
doubler de vigilance à l'égard des lieux de
débauche : en les supprimant, on crut faire
disparaître les foyers de la maladie ; la dispersion des prostituées les multiplia, en sorte
que la séquestration de la débauche publique et la surveillance légale et facile dont
elle était l'objet, cessèrent précisément au
temps où elles étaient le plus nécessaires. On
ne sut que vilipender, maltraiter, et incar-
cérer les femmes publiques ; on sembla mé-
connaître en elles des êtres humains et leur
refuser tout sentiment de pitié ! En vain la
philosophie appelait la réforme, sollicitait
un adoucissement dans le système suivi à leur
égard ; système inconséquent, impolitique
autant qu'odieux : l'habitude, les préjugés

perpétuèrent les mesures oppressives. Nous allons voir les changemens qu'il a subis depuis 1789.

LÉGISLATION NOUVELLE.

*

La force des lois a sa mesure ; celle des vices qu'elles répriment a aussi la sienne. Ce n'est qu'après avoir comparé ces deux quantités, et trouvé que la première surpasse l'autre, qu'on peut s'assurer de l'exécution des lois.

Rousseau, *Lettre à d'Alembert, sur les Spectacles.*

*

Il faut compter parmi les causes qui préparèrent notre révolution, ce déréglement extrême des mœurs qui allait toujours croissant dans le cours du dix-huitième siècle, et qui était passé des personnes dans les écrits, expression fidèle de la société. La révolution à son tour, en développant la corruption des mœurs par des excès et des crimes de tout genre, a augmenté les progrès du libertinage, qui est descendu des hautes classes dans tous les rangs de la société, et a pris un caractère de franchise et d'indépendance, signe manifeste d'une dépravation aussi profonde que générale. Dans un tel état de choses, les lois sur la débauche publique, dont la marche des lumières avait éclairé les abus, devaient éprouver d'importantes modifications.

Le décret du 16 août 1790, sur l'organisation judiciaire, en ordonnant une réformation prochaine du Code pénal, déclara que les peines devaient être proportionnées aux délits, modérées, et que la loi ne pouvait en établir qui ne fussent strictement et évidemment nécessaires. L'application de cette maxime se fit bientôt sentir dans les lois concernant la prostitution.

L'article 7 du titre 2 de la loi du 19 juillet 171, déclara punissables par la voie de la police correctionnelle *les délits contre les bonnes mœurs.*

D'après l'article 8 de cette loi, ceux qui étaient prévenus d'avoir favorisé la débauche ou corrompu des jeunes gens de l'un ou de l'autre sexe, pouvaient être saisis sur-le-champ et conduits devant le juge de paix, qui était autorisé à les faire retenir jusqu'à la première audience de la police correctionnelle.

Aux termes de l'article 9, les coupables devaient être condamnés, selon la gravité des cas, à une amende de cinquante à cinq cents livres et à une année de prison; et l'article 10 voulut que ces peines fussent doublées en cas de récidive.

Les expressions vagues de l'article 7 porteraient à penser qu'il eut en vue d'atteindre l'exercice même de la prostitution; mais comme la loi caractérisa les infractions aux bonnes mœurs, par les circonstances de la *publicité et d'actions déshonnétes*, il résulte qu'elle n'entendit punir la prostitution qu'autant qu'elle offenserait la morale publique par des manifestations scandaleuses, par des actes extérieurs et visibles.

L'article 10, titre 12 de la loi du 22 juillet 1791, confirme cette interprétation; il est ainsi conçu : « S'il arrive du tapage ou des » querelles dans les lieux de prostitution, » le commissaire de police du quartier qui » en est prévenu, fait arrêter les femmes et » les envoie en prison. »

C'était reconnaître d'une manière explicite l'existence des lieux de débauche; et en n'autorisant l'arrestation des femmes de mauvaise vie que dans le cas de tapage ou de querelles, on les déclarait en quelque sorte libres de se prostituer, pourvu qu'elles respectassent la décence et la tranquillité publique. Les anciennes lois au contraire prohibaient les lieux de débauche et frappaient l'exercice de la prostitution, sans qu'il fût besoin, pour établir la culpabilité, d'un acte patent de libertinage ou tendant à l'exciter; elles punissaient la *débauche publique et vie scandaleuse*, et n'exigeaient d'autre preuve de publicité et de scandale que la notoriété résultant de la déclaration des voisins, qu'une femme se livrait au métier de la prostitution. Point de femmes publiques; tel était l'esprit de l'ancienne législation. En principe, la loi nouvelle les tolérait; elle se bornait à défendre et à punir tout ce qui, dans l'exercice de leur métier, était susceptible de blesser les regards et de porter atteinte à la pudeur publique.

Le Directoire exécutif voulut revenir à des mesures de sévérité. Le 17 nivose an IV, il adressa au Conseil des cinq cents le message qui suit:

« Citoyens législateurs, vous savez que les

mœurs sont la sauvegarde de la liberté, et que sans elles les lois même les plus sages sont impuissantes. Sans doute vous regardez comme un de vos premiers devoirs, de leur rendre cette austérité qui, en doublant les forces physiques, donne à l'ame plus de vigueur et d'énergie. Mais avant de vous occuper de cette importante régénération,... vous vous empresserez d'arrêter par des mesures fermes et sévères, les progrès du libertinage qui, dans les grandes communes, et particulièrement à Paris, se propage de la manière la plus funeste pour les jeunes gens et surtout pour les militaires.

» Les lois répressives contre les filles publiques consistent dans quelques ordonnances tombées en désuétude, ou dans quelques réglemens de police purement locaux, et trop incohérens pour atteindre un but si désirable.

» La loi du 19 juillet 1791 a classé au nombre des délits soumis à la police correctionnelle la corruption des jeunes gens de l'un et de l'autre sexe, et elle en a déterminé la peine; mais cette disposition s'applique proprement au métier infâme de ces êtres af-

freux qui débauchent et prostituent la jeunesse, et non à la vie licencieuse de ces
femmes, l'opprobre d'un sexe et le fléau de
l'autre.

» Le Code pénal de la même année et le
nouveau Code des délits et des peines
sont également muets sur cet objet im-
portant.

» C'est à vous qu'il appartient de suppléer à ce silence, en portant une loi qui ré-
prime enfin des désordres qu'une plus longue impunité rendrait peut-être redoutables
au gouvernement.

» Vous voudrez que cette loi caractérise
les individus qu'il s'agit d'atteindre et les
peines qu'il convient de leur appliquer. Vous
voudrez qu'elle indique d'une manière claire
et qui ne laisse rien à l'arbitraire, ce qu'on
doit entendre par la désignation de *filles publiques ;* car vous n'ignorez pas que si les
femmes qui se livrent à cette vie infâme restent impunies, c'est qu'il est presque toujours impossible aux magistrats chargés
de la police, de leur faire une exacte application de la qualité de *fille publique ;* parce
que ce titre ne devant, à la rigueur, être

donné qu'à celles qui exercent exclusivement ce vil métier, la plupart trouvent le moyen de s'y soustraire, en alléguant qu'elles sont ouvrières ou marchandes, et en produisant des certificats de personnes pour lesquelles elles prétendent travailler. Ces personnes ne rougissent pas même de les réclamer quelquefois, en présence des magistrats, comme filles de boutique, ouvrières ou domestiques, quoiqu'elles soient notoirement filles publiques, et qu'on les ait arrêtées en flagrant délit.

» Pour remédier à cet inconvénient, vous déterminerez avec précision ce qui constitue la *fille publique;* récidive et concours de plusieurs faits légalement constatés; notoriété publique; arrestation en flagrant délit prouvé légalement par des témoins autres que les dénonciateurs ou l'agent de police : voilà sans doute les circonstances qui vous paraîtront caractériser cette honteuse et criminelle profession.

» Quant aux peines dont elle peut être susceptible, il ne paraît pas qu'on puisse en appliquer d'autres que les peines correctionnelles ou de simple police, graduées suivant la gravité des circonstances ; mais en observant de préférer toujours l'emprisonnement aux amendes, parce que les coupables de ces délits n'ayant le plus souvent aucune propriété, même mobilière, les condamnations pécuniaires demeurent, à leur égard, sans effet, ou elles ne les acquittent qu'en faisant de nouveaux outrages à la morale publique.

» Nous devons soumettre encore une observation à votre sagesse.

» Il nous paraît essentiel que la loi que vous rendrez, prescrive une forme de procéder particulière, et qui n'expose pas les inspecteurs ou agens de la police, à l'inconvénient de se voir appeler en témoignage contre les coupables. Connus d'elles, ainsi que des voleurs et des filous qui leur sont affidés, il en résulterait que l'action de la police serait neutralisée ; que ses agens seraient punis de leur zèle par des huées ou des insultes, lorsque le tribunal renverrait l'accusé, faute de preuves suffisantes, et que les dangers personnels qu'ils courraient sans cesse décourageraient leur surveillance.

» Ces divers objets, citoyens législateurs,

appellent votre sollicitude. Le Directoire
exécutif vous invite à les prendre en considération. »

Nos législateurs ne donnèrent aucune
suite à ce message. Avertis par l'expérience,
désabusés des moyens extrêmes, et convaincus de leur inutilité autant que du danger
de leurs conséquences, ils se turent; et leur
silence fut un hommage à la raison et aux
règles de la prudence.

Il n'était pas nécessaire de déterminer par
une loi quelles personnes seraient comprises
sous le titre de filles ou femmes publiques.
L'opinion et l'usage l'ont toujours appliqué
aux femmes et aux filles qui se livrent habituellement et d'une manière notoire à la
prostitution, qui en font un métier, et qui
d'ordinaire n'ont pas d'autres moyens d'existence.

La proposition d'établir des peines contre
ces personnes n'ayant pas été adoptée, la
partie pénale de notre législation sur la débauche publique se trouva tout entière
dans les lois de 1791; en sorte que les lois
antérieures à 1789 furent frappées d'abolition, tant par le rejet du message du Direc-

toire que par la publication des lois nouvelles qui leur étaient diamétralement opposées de principes. Par-là tomba aussi une foule d'or- donnances et de réglemens de police qui, n'ayant d'autre base que les lois abrogées, du- rent nécessairement disparaître avec elles. L'article 29, tit. 1 de la loi du 22 juillet 1791, en confirmant les réglemens de police non abrogés par les lois nouvelles, n'en conserva qu'un petit nombre concernant la matière, et qui statuaient sur des points qu'elles n'a- vaient ni prévus ni réglés ; encore même ceux qui furent maintenus cessèrent-ils d'être exécutés par un effet des troubles et des désordres de la révolution.

Il n'y eut donc pas de peines contre les prostituées qui n'exercent leur vil mé- tier que dans leurs repaires, sans bles- ser par aucun fait apparent l'honnêteté publique.

Le Code pénal de 1810 ne s'est atta- ché également qu'à la repression du scan- dale qui pourrait résulter de la pros- titution.

L'article 330 porte : « Toute personne » qui aura commis un outrage public à la

» pudeur, sera punie d'un emprisonne-
» ment de trois mois à un an, et d'une
» amende de 16 à 200 francs. »

Cette disposition est applicable à la matière [1]. En effet, les femmes ou filles, qui,
sur les places, dans les rues, les promenades, les spectacles et dans tous les autres endroits publics, excitent les hommes à la débauche, de même que celles qui, de l'intérieur de leurs demeures, provoquent d'une
manière ostensible les passans dans le même
but, portent atteinte aux bonnes mœurs, et
doivent être considérées comme coupables
d'outrage public à la pudeur, par la
conduite scandaleuse qu'elles se permettent, et dont la prostitution est le résultat.

Les officiers de police, chargés de faire
exécuter les lois concernant l'ordre public
et le maintien des bonnes mœurs, doivent
donc veiller à ce que, dans leur commune,
aucune femme ou fille ne les outrage publi-

[1] Alletz, *Dictionn. de police*, *verbo* Mœurs; Léo-
pold, *idem*, *verbo* Prostitution ; M. Carnot, *Comm.*
sur l'art. 330 *du Cod. pénal.*

quement en se livrant dans les lieux publics au raccrochage des hommes. Quant à celles qui n'offrent la jouissance mercenaire de leur corps que dans leurs réduits, ils doivent, comme la loi, les abandonner à leur conscience, et se contenter de surveiller leur conduite.

Il est à remarquer que pour le fait dont il s'agit, la loi du 19 juillet 1791 ne prononçait qu'une amende dont la quotité beaucoup trop forte rendait la condamnation illusoire à l'égard du fisc et funeste à la morale publique, puisqu'une exécution rigoureuse forçait pour ainsi dire des malheureuses dont toute la ressource était dans la prostitution, à violer de nouveau la loi pour réparer le tort de l'avoir déjà violée. Le Directoire avait signalé cet inconvénient que l'article 330 a fait disparaître en partie, en établissant la peine de l'emprisonnement. Les tribunaux se montreront vraiment pénétrés de l'esprit de la loi, s'ils préfèrent, dans l'application, la prison à l'amende, ainsi que l'article 463 du Code pénal leur en donne la faculté.

La loi précitée punissait indistinctement

le courtage de la débauche, et la corruption
des jeunes gens de l'un et de l'autre sexe,
qu'ils fussent majeurs ou mineurs. Cette disposition a été aussi modifiée par le nouveau
Code pénal, qui s'exprime en ces termes :

» Quiconque aura attenté aux mœurs, en
excitant, favorisant ou facilitant habituellement la débauche ou la corruption de la
jeunesse de l'un ou de l'autre sexe, au-dessous de l'âge de vingt-un ans, sera puni
d'un emprisonnement de six mois à deux
ans et d'une amende de cinquante francs à
cinq cents francs.

» Si la prostitution ou la corruption a été
excitée, favorisée ou facilitée par leurs pères,
mères, tuteurs ou autres personnes chargées de leur surveillance, la peine sera de
deux à cinq ans d'emprisonnement, et de
trois cents francs à deux mille francs d'a-
mende. (*Article* 334.)

» Les coupables du délit mentionné
au précédent article seront interdits de
toute tutèle et curatelle, et de toute participation aux conseils de famille, savoir :
les individus auxquels s'applique le premier
paragraphe de cet article, pendant deux

ans au moins et cinq ans au plus, et ceux dont il est parlé au second paragraphe, pendant dix ans au moins et vingt ans au plus.

» Si le délit a été commis par le père ou la mère, le coupable sera de plus privé des droits et avantages à lui accordés sur la personne et les biens de l'enfant, par le Code civil, liv. 1, tit. 9 de la puissance paternelle.

» Dans tous les cas, les coupables pourront de plus être mis, par l'arrêt ou le jugement, sous la surveillance de la haute police, en observant, pour la durée de la surveillance, ce qui vient d'être établi pour la durée de l'interdiction mentionnée au présent article. » (*Article* 335.)

« En nous occupant des attentats aux mœurs, disait M. de Monseignat sur ces articles, dans son rapport au corps législatif, comment ne pas signaler ces êtres qui ne vivent que pour et par la débauche ; qui, rebut des deux sexes, se font un état de leur rapprochement mercenaire, et spéculent sur l'âge, l'inexpérience et la misère, pour colporter le vice et alimenter la corruption. Des législateurs ne les ont punis

que du mépris public ; mais que peut le mépris sur des ames aussi avilies? Punit-on par
l'infamie des personnes qui en font leur élé-
ment !.... C'est par des châtimens, c'est par
un emprisonnement et une amende que le
projet de loi a cherché à atteindre ces artisans habituels de prostitution.

» Si l'on pouvait calculer les degrés de
bassesse dans un métier aussi bas, ceux-là
sans doute seraient les plus méprisables qui
serviraient ou exciteraient même la corruption des personnes placées sous leur surveillance ou leur tutèle, et notamment des pères
et mères (s'il était possible qu'il pût s'en
trouver) qui, abusant du dépôt précieux
que la nature et la loi leur ont confié, spé-
culeraient sur l'innocence qu'ils sont chargés de protéger et de défendre, échange-
raient contre de l'or la vertu de leurs enfans, et se rendraient coupables d'un infan-
ticide moral. Les auteurs du Code, dans
cette circonstance, assignent une peine plus
grave qui, nous aimons à le croire, ne trouvera jamais son application. »

Cet espoir fut le rève d'un homme de bien
On voit peu d'accusations judiciaires contre

14*

les pères, mères, tuteurs ou autres personnes chargées de la surveillance des mineurs,
pour le délit dont il s'agit; cela n'empêche
pas qu'il ne soit malheureusement assez
commun.

Il en est de même de ceux spécifiés par
l'article 330 et le § 1 de l'article 334. Quiconque a parcouru de nuit les rues de nos
grandes villes, peut attester les impudentes
sollicitations, les scandaleuses importunités
que s'y permettent les suppôts de la prostitution. Rien n'est plus ordinaire encore que
de voir dans les lieux de débauche des prostituées, mineures de vingt-un ans, dont le
jeune âge est un attrait de plus pour le vice,
et un moyen plus certain de gains criminels
pour ceux qui le favorisent

Il est raisonnable que l'article 334 ne punisse
la débauche ou la corruption de la jeunesse,
qu'autant qu'elle a lieu à l'égard de mineurs.
Les individus qui ont atteint leur majorité,
maîtres de leurs actions et réputés par la loi
capables de diriger eux-mêmes leur conduite,
doivent être présumés avoir embrassé vo-
lontairement la carrière honteuse de la
prostitution.

M. Carnot a observé que le législateur a
parlé dans le second paragraphe de cet article de prostitution et de corruption, sans y
rattacher la circonstance de l'habitude ; de
sorte que ce ne serait pas en violer les dispositions, que ce serait, au contraire, en
faire une juste application aux pères, mères
et autres individus chargés de la surveillance de mineurs, lors même qu'il ne serait
pas établi qu'ils auraient habituellement favorisé leur débauche.

La loi est sage : si elle ne produit pas le
bien qu'on est en droit d'en attendre ; si elle
n'est pas un obstacle au mal qu'elle a voulu
empêcher, c'est qu'elle n'est pas exécutée.
Que la police recherche avec plus de vigilance et dénonce aux tribunaux les infractions multipliées qui se commettent chaque
jour dans l'intérieur de nos villes, le fléau
de la débauche publique sera renfermé dans
les limites tracées par la loi même ; si la prudence avertit de les maintenir, l'intérêt des
mœurs, l'honneur des familles commandent
de ne pas les laisser mépriser impunément.
Une des plus belles attributions de la police
est de prévenir les délits. « Les gens qui re-

» lèvent d'elle, a dit Montesquieu, sont sans
» cesse sous les yeux du magistrat; c'est donc
» la faute du magistrat, s'ils tombent dans des
» excès. » Une surveillance plus active en préviendrait beaucoup de ceux dont il est ici
question, et l'on a bien le droit de la réclamer
dans un pays où les dépenses connues de la
police, pour la capitale seulement, coûtent
plus de quatre millions aux contribuables [1].

[1] Voici comment elle s'y exerce à l'égard des prostituées : le troisième bureau de la première division
de la préfecture de police est chargé de cette surveillance ; mais l'officier de paix qui le préside, six employés et douze agens, sont essentiellement préposés
au matériel de cette partie. Ce bureau offre l'affligeant
tableau d'un concours continuel de femmes qui, sans
pudeur, entrent et sortent, les unes pour demander
l'autorisation d'exercer le métier, parées avec autant
de soin que si elles allaient solliciter une place honorable, les autres pour recevoir de vives mercuriales sur
les plaintes portées contre elles. Toutes sont enregistrées à la police, comme un soldat est porté sur le registre matricule de son régiment. On leur délivre une
carte qui leur sert de *passe* pour faire *leur commerce*,
comme elles l'appellent. Elles sont obligées de se présenter fréquemment au dispensaire pour y subir la visite du médecin ; chaque femme laissant à cet établissement 3 fr. par mois, en portant leur nombre au *mi-*

Les lois, en même temps qu'elles ont fixé les obligations des magistrats et officiers de police, leur ont donné les pouvoirs et les facilités nécessaires pour les remplir.

Un arrêté du gouvernement du 12 messidor an VIII, et la loi du 5 brumaire an IX, prescrivent au préfet et aux commissaires généraux de police de faire surveiller les maisons de débauche, ceux qui y résideront ou s'y trouveront.

La loi du 19 juillet 1791 autorise les commissaires de police à entrer en tout temps dans les lieux livrés notoirement à la débau-

nimum de quinze mille d'après l'opinion de quelques personnes, la préfecture recevrait chaque mois 45,000 fr., par an 540,000 fr., sans compter la rétribution mensuelle des *dames de maison*, qui tiennent les lieux de débauche, et sont aussi enregistrées comme chefs d'établissemens. Les femmes non patentées, exerçant par contrebande, sont plus retenues dans leur conduite; on les voit sur les boulevards, dans les passages et les galeries. Les élégantes vont aux spectacles et se tiennent en loge. Les raccrocheuses opiniâtres sont menées au dépôt de la préfecture, et de-là à la *Petite-Force*, où elles restent un, deux et trois mois. Celles qui doivent quelque chose au dispensaire sont traitées avec plus de sévérité. (Voyez *la Biographie des commissaires de police*.)

che : nous avons déjà vu que d'après celle du 22 juillet de la même année, ils doivent, en cas de tapage ou de querelle dans les mêmes lieux, faire arrêter les femmes et les envoyer en prison.

Une décision du ministre de la police, du 7 ventose an IX, met au nombre des objets pour lesquels ils ont une surveillance *journalière* à exercer, *l'arrestation des femmes publiques.*

Conformément à une décision du préfet de police, du 12 floréal an IX, les commissaires de police font des rondes dans les quartiers le plus habituellement fréquentés par les femmes publiques; ils doivent arrêter celles qu'ils trouvent raccrochant et les faire conduire à la police. Celles qui sont arrêtées chez elles en vertu de mandats décernés par le préfet de police, sont envoyées *directement* à la prison de la *Petite-Force;* ce qui n'est pas d'une légalité bien prouvée : autrefois, elles subissaient un jugement.

D'après une circulaire du directeur-général de la police, du 11 février 1815, les officiers de police doivent veiller encore à ce que les marchands de vin en détail et les

rogomistes n'aient point dans l'intérieur de
leurs établissemens des cabinets noirs destinés à favoriser la prostitution : s'ils en dé-
couvrent, ils doivent saisir le moment où les
cabinets seraient occupés par des femmes de
mauvaise vie, les arrêter si elles sont suspectes ou coupables sous le rapport des
mœurs ou sous tout autre rapport, et les
faire conduire avec le procès-verbal à la
Préfecture de police, pour y être déposées à
la chambre de dépôt, et retenues, s'il
y a lieu, sous la main de la justice, en
état de mandat d'amener, conformément
à l'article 45 du Code d'instruction criminelle.

Les préfets, les sous-préfets et les maires,
que la loi du 28 pluviose an VIII mit à la
place des anciens corps municipaux, peuvent comme eux, et chacun dans leur ressort,
ordonner toutes mesures et prendre tous arrêtés de police locale ou administrative que
les circonstances rendent nécessaires pour
l'exécution des lois et des réglemens de police.

L'article 2 de l'arrêté du gouvernement
du 12 messidor an VIII, porte que le préfet
de police pourra publier de nouveau les

lois et réglemens de police, et rendre les ordonnances tendant à en assurer l'exécution.

Les commissaires de police, outre que la loi
leur confie l'exécution des mesures et arrêtés, ont aussi le droit de prendre toutes mesures d'office, pour prévenir, faire cesser et
réprimer tout ce qui est contraire à l'ordre
public ou présente des dangers, à la charge
de rendre compte à l'autorité immédiate su-
périeure.

Ces attributions de la police, quelque étendues qu'elles puissent être, sont dans la nature des choses, parce que son exercice
comporte un certain degré d'arbitraire qui
se plie aux besoins des localités, et qui suive
avec promptitude la marche des événemens
imprévus. C'est ce que ne peuvent point faire
les lois qui statuent d'une manière générale
et à de longs intervalles. « Dans l'exercice
» de la police, a dit encore Montesquieu,
» c'est plutôt le magistrat qui punit que la
» loi [1]. » Les pouvoirs conférés par les lois aux
magistrats et officiers de police à l'égard de
la débauche publique, sont donc une chose

---

[1] *Esprit des lois,* liv. XXVI, chap. 24.

de convenance autant que de nécessité. Mais
plus elles leur ont donné de latitude, plus ils
doivent apporter de circonspection dans
l'exercice de leur ministère. Ils ne doivent
jamais perdre de vue que le principe fonda-
mental de l'ancienne législation a été répu-
dié par les lois nouvelles; que celles-ci punissent, non la prostitution, mais les délits
qui en peuvent résulter; que par conséquent cette profession, toujours méprisa-
ble, n'est plus par elle-même un titre à d'injustes persécutions; que la faculté d'empri-
sonner et de détenir les femmes publiques
sans jugement préalable et pour un temps
indéterminé dans les dépôts de police et les
hôpitaux après leur guérison du mal vénérien, est exorbitante du droit commun, et
qu'on ne doit en faire usage qu'avec beaucoup de réserve; enfin, que ces femmes
ont droit à la protection des lois comme les
autres citoyens.

Nous avons exprimé certains cas dans lesquels les officiers de police sont autorisés à
les arrêter et à les envoyer en prison. Par
extension, on les punit de la même peine,
lorsqu'elles mécontentent leurs matrones ou

les agens de la police qui les gouvernent ;
lorsqu'elles outrepassent, dans les rues qu'elles parcourent, les limites qui sont prescrites
à chacune d'elles ; le plus souvent lorsqu'elles sont atteintes du mal vénérien. Aussi
les prisons pour les prostituées sont-elles
ordinairement établies dans les hôpitaux. Ce
sont des maisons de santé plutôt que des maisons de correction. Une fois guéries, les femmes sont détenues tout autant qu'il n'y a pas
nécessité de faire place à de nouvelles ve-
nues. Il résulte de-là une fréquente muta-
tion de malades ou prisonnières ; et cette
circonstance, jointe à l'habitude de paresse
qu'elles ont contractée, à l'ignorance de tout
métier utile, est cause qu'on ne travaille
point dans ces maisons, du moins que le travail se réduit à peu de chose et ne procure
aucun profit. Et cependant le travail est
pour les détenus une source féconde de
correction ; il est la base de leur réformation
morale ; il adoucit leur ennui, abrége en
quelque sorte leur captivité, les plie à des
habitudes vertueuses, et en leur ménageant
des moyens de subsistance pour l'époque
de leur élargissement, les met en position

de résister aux funestes suggestions de l'indigence et du vice. C'est par le goût du travail qu'on corrige, qu'on régénère des mœurs dépravées, qu'on donne une ame nouvelle aux êtres familiarisés avec la bassesse. L'oisiveté, au contraire, est le ferment des passions les plus désordonnées, des vices les plus honteux, surtout pour des femmes flétries par la corruption, que la sensibilité propre à leur sexe et leur réunion dans un même local portent à des excès qui outragent la pudeur et la nature. Il en est qui, à peine délivrées de la contagion vénérienne, se livrent entre elles à des actes de la dernière impudicité.

De tels désordres doivent être réprimés ; la morale publique en est essentiellement blessée. Les mesures préservatrices à cet égard consistent dans une surveillance rigoureuse. Pour le châtiment de la faute commise, les statuts et réglemens des anciens refuges donnent des indications suffisantes. On n'a plus recours à l'indécent et sale moyen de la fustigation, plus capable d'avilir les coupables que de les corriger.

Il faudrait isoler, dès les premiers jours

de l'arrestation, les plus débauchées de celles qu'un instant de misère et d'erreur a jetées dans la carrière du vice.

L'historien moderne de Paris a peint en quelques lignes les mœurs et le sort des prisonnières de la *Petite-Force.* « A leur entrée » dans ce lieu de détention, dit-il, elles » éprouvent une métamorphose presque to- » tale; tout le mérite qu'elles doivent à leur » ajustement disparaît; elles reçoivent l'u- » niforme de la prison; le taffetas, le linon, » sont remplacés par la bure grossière; les » chapeaux fleuris par une coiffe de grosse » toile, et les souliers élégans par des sa- » bots. Elles s'y enivrent, se caressent, se » querellent, se battent, fument la pipe, et » pour se réchauffer en hiver dansent des » rondes. On les occupe à des travaux gros- » siers, à filer, à coudre [1]. »

Ce tableau est celui des établissemens du même genre qui existent dans les départe- mens. J'en ai visité quelques-uns, j'ai re- cueilli des renseignemens positifs sur d'au-

_____

[1] *Histoire de Paris,* par M. Dulaure, t. IX, p. 275, 276.

tres, et je puis attester qu'il y règne la plus grande démoralisation. Le travail est de trop courte durée et trop interrompu pour produire le moindre effet sur le moral des détenues ; le gain qu'il leur procure n'est qu'un moyen momentané de subsistance à la sortie des hôpitaux-prisons ; la plupart en sortent sans aucune ressource pécuniaire ; et refoulées par la misère et l'opprobre dans le cloaque de la prostitution, elles ne font pour ainsi dire qu'un saut des *piscines* dans les lieux de débauche.

Leur détention n'a pas moins eu des résultats salutaires ; elle a diminué du sein de la société les occasions de scandale, de trouble et de dépravation ; elle a affaibli les élémens destructeurs de la santé publique.

Pour le premier objet, nous avons vu que la loi pourvoit aux cas où la pudeur publique serait outragée par l'exercice trop ostensible de la prostitution. Il est des circonstances où la peine de l'emprisonnement par voie de police correctionnelle serait trop forte ; l'emprisonnement par voie administrative dans les chambres de dépôt établies dans chaque commune, présente le moyen d'appliquer une peine plus légère et proportionnée au délit, puisque la détention ne peut être de plus de vingt-quatre heures. Ce mode de punition, outre qu'il est susceptible d'une exécution prompte et facile, a encore l'avantage d'éviter que les tribunaux ne soient en quelque sorte des écoles de prostitution.

Le scandale ne résulte pas seulement de faits patens qui tiennent à l'exercice de la débauche et au dévergondage insultant pour les mœurs, des femmes qui en font le métier; il y a tout à la fois scandale et trouble à l'ordre public dans les scènes de débauche, de désordre et de tapage, dont les maisons de prostitution sont habituellement les théâtres, surtout dans les petites villes, bien qu'elles n'aient lieu qu'en présence de peu de témoins, qu'elles ne blessent point les regards des passans ou des voisins, et que ceux-ci n'en portent point de plainte à l'autorité. Dès qu'il est avéré qu'une maison est ouverte à la débauche; que des prostituées l'habitent et y font leur mauvais commerce; que sur la notoriété publique, la police y exerce la surveillance qui lui est commandée

par les lois, les actes de libertinage, de crapule et de tumulte, qu'y commettent plusieurs
individus rassemblés, ont un caractère de
publicité et de gravité qui appelle une juste
répression.

Nos nouvelles lois n'ont point prévu entièrement ce cas.

L'article 10, tit. 12 de la loi du 22 juillet 1791, ne statue que sur le cas de tapage
ou de querelles dans les lieux de prostitution. Il ne fait point mention de ces scènes
de libertinage et d'obscénité qui s'y passent
dans des réunions de plusieurs personnes,
et qui pour avoir lieu dans l'intérieur de ces
maisons, ne sont pas moins des atteintes à
la morale publique.

Le Code pénal de 1810 est également
muet sur ce point.

Mais, dans le silence des lois, les magistrats de police ont le pouvoir de rendre des
arrêtés sur des objets qu'elles confient à leur
vigilance et à leur autorité; et l'article 3 du
tit. 11 de la loi du 24 août 1790, a classé
parmi ces objets le maintien du bon ordre
dans les endroits où il se fait des rassemble-
mens, dans tous les lieux publics. Un de

leurs principaux devoirs est la conservation de la décence et des mœurs. Il est donc dans leurs attributions de prescrire les mesures convenables pour réprimer les excès scandaleux qui se commettent dans les maisons de débauche.

Il est de principe que les contraventions aux réglemens faits par l'autorité administrative, et spécialement par l'autorité municipale, dans le cercle de leurs attributions, sont punissables de peines de simple police ; et que, lorsque les lois ou les réglemens n'établissent pas d'une manière expresse des peines contre tels ou tels faits nommément désignés, les actes de l'autorité qui les défendent trouvent leur sanction dans un système de pénalité formé de la combinaison des articles 1, 3 et 5 de la loi du 24 août 1790, avec les articles 600 et 606 du Code du 3 brumaire an IV, et qui repose sur cette règle d'après laquelle, bien qu'aucune loi ne prononce de peine particulière contre le fait défendu, il suffit qu'elle ait réglé d'une manière générale et formelle la peine qui doit être prononcée par les tribunaux de police dans le cas de contravention aux réglemens de l'autorité municipale, dans l'exercice du pouvoir qui lui a été conféré. Cette règle a été consacrée par plusieurs arrêts de la Cour de cassation, entre autres par ceux des 1er mai 1823, 26 mars 1825 et 17 juin de la même année, rapportés par Denevers, année 1823, 1re part., p. 264, et année 1825, 1re part., p. 290 et 397. Son effet est de vivifier des mesures de police jugées indispensables, et qui s'évanouiraient si le pouvoir judiciaire n'en assurait l'exécution.

Mais, à défaut de réglemens de police postérieurs à la loi du 24 août 1790, les tribunaux peuvent-ils appliquer ceux des municipalités de l'ancien régime ?

Cette question est d'autant plus intéressante, que dans sa généralité rentre la question particulière de savoir si les tribunaux peuvent appliquer aujourd'hui les anciens réglemens sur la débauche publique.

La loi du 22 juillet 1791 confirma les réglemens de police non abrogés par les lois nouvelles.

L'article 46 de la même loi autorisa les corps municipaux à publier de nouveau les

lois et réglemens de police, ou à rappeler
les citoyens à leur observation.

Le Code pénal de 1810 porte, article 484,
que dans toutes les matières qui n'ont pas
été réglées par le présent Code, et qui sont
régies par des lois et réglemens particuliers,
les cours et les tribunaux continueront de
les observer.

« Cette disposition était d'absolue néces-
» sité, disait au corps législatif l'orateur du
» gouvernement qui lui en présenta les mo-
» tifs; elle maintient les dispositions pénales
» sans lesquelles quelques lois, des codes
» entiers, des réglemens généraux d'une
» utilité reconnue, resteraient sans exécu-
» tion. » Il ajouta qu'elle maintenait les
lois et réglemens alors en vigueur, relatifs
à la police des maisons de débauche.

Un avis du conseil-d'Etat, du 18 fé-
1812, a décidé qu'on ne peut pas regarder
comme réglées par le Code pénal de 1810,
dans le sens attaché à ce mot *réglées* par
l'article 484, les matières relativement auxquelles ce Code ne renferme que quelques
dispositions éparses, détachées et ne for-
mant pas un système complet de législation,

et que c'est par cette raison que subsistent encore, quoique non renouvelées par le Code pénal de 1810, toutes celles des dispositions des lois et réglemens antérieurs à ce Code, qui sont relatives à la police rurale et forestière, à l'état civil, aux maisons de jeu, aux loteries non autorisées par la loi, *et autres objets semblables que ce Code ne traite que dans quelques-unes de ses branches.*

Il résulte d'un arrêt de la Cour de cassation, du 27 juin 1825 [1], au moins implicitement, que les anciens arrêts et réglemens de police doivent aujourd'hui recevoir leur exécution, quand ils statuent sur des objets qui n'ont pas été réglés, soit par le Code pénal de 1810, soit par les lois postérieures à 1789, soit par des arrêtés pris depuis cette époque dans l'exercice légal des fonctions municipales.

En fait, aucune loi postérieure à 1789 n'a prohibé précisément les *scènes de débauche* et tout à la fois de *désordre et de tapage* qui peuvent avoir lieu dans les mai-

---

[1] Sirey, 1826, p. 1, p. 117.

sons de prostitution ; à défaut de nouveaux arrêtés de police qui contiennent des défenses à cet égard, celles que contiennent les anciens réglemens doivent en droit être réputées maintenues, lors même qu'elles n'ont pas été renouvelées par l'autorité compétente.

Cette proposition est incontestable eu égard aux défenses portées par des lois ou des réglemens qui n'auraient pas été abrogés d'une manière expresse ou tacite, ou qui, sans avoir été renouvelés, auraient été maintenus en vigueur par le fait de leur exécution. Il serait contraire aux principes de la raison et du droit de vouloir appliquer aujourd'hui des dispositions que le non usage pendant plus de trente ans a réduites au néant. Les commandemens de l'autorité périssent, ou par sa propre volonté qui les anéantit, ou par la volonté générale qu'exprime l'adoption continue de pratiques opposées à ce qu'ils ont prescrit.

Cependant, la Cour de cassation a manifesté une opinion contraire sur ce point. Elle eut à décider particulièrement si des individus, domiciliés dans l'ancien ressort du parlement de Bretagne, qui sont convaincus d'avoir toléré dans leurs maisons des scènes de débauche, de désordre et de tapage, peuvent être exemptés de toute peine, sur le motif que ces faits, qui ne sont l'objet d'aucun arrêté municipal, n'ont point été prévus par le Code pénal; elle jugea que de tels faits rentrent dans les dispositions de l'arrêt de réglement, rendu pour cette province le 29 juillet 1786, réglement qu'elle a déclaré maintenu par l'article 484 du Code pénal. Voici les termes de son arrêt :

« La Cour, sur les conclusions de M. de Marchangy, avocat général; vu l'article 484, Code pénal; les articles 408 et 413, Code d'instruction criminelle ; attendu que la veuve Hudin et Marie Masson étaient citées au tribunal de police correctionnelle, comme coupables du délit mentionné à l'article 334, Code pénal, et aussi comme auteurs ou complices des tapages et des désordres qui avaient lieu journellement dans leur demeure; que si ce tribunal a déclaré que le fait de favoriser la corruption de la jeunesse de l'un ou de l'autre sexe, au-dessous de l'âge de vingt-un ans, n'était pas prouvé con-

tre les prévenues, il n'y a pas dans son jugement de déclaration semblable relativement
aux scènes de débauche qui se passaient chez
elles, aux désordres scandaleux et aux tapages qu'elles occasionaient, et qu'il n'en
a pas nié la réalité; que les faits de cette nature ne sont pas compris dans le livre 4 et
dernier du Code pénal; qu'ils ne sont l'objet
d'aucun arrêté du pouvoir municipal de Rennes, agissant dans l'ordre légal des fontions
de la police administrative; mais qu'ils rentrent dans les dispositions de l'arrêt de réglement du parlement de Bretagne, du 29
juillet 1786; qu'aux termes de l'article 484
du Code pénal, qui, pour tout ce qui n'est
pas réglé par ce Code en matière de crimes,
de délits et de contraventions, ordonne
l'exécution des lois et des réglemens alors
en vigueur, ces faits sont punissables, d'a-
près ledit arrêt de réglement de 1786,
combiné avec les articles 5, tit. XI de la loi
du 24 août 1790, 600 et 606 du Code du
3 brumaire an IV; attendu qu'en renvoyant
les prévenues du second chef de l'action du
ministère public, par le seul motif que les
faits qui leur étaient imputés ne constituaient

pas une contravention de police soumise à des peines, le tribunal a méconnu l'autorité de l'arrêt de réglement de 1786, maintenu par l'article 484, Code pénal; qu'il a contrevenu à cet article et violé les règles de compétence : casse et annulle le jugement du tribunal de police correctionnelle de Rennes, du 16 août dernier; et, pour être statué conformément à la loi, sur l'action du ministère public, contre la veuve Hudin et Marie Masson, renvoie la cause et les parties devant le tribunal de police correctionnelle de l'arrondissement de Monfort [1]. »

Pour déterminer les peines qui doivent être prononcées dans ce cas et autres semblables, il faut combiner les dispositions pénales que rapporte cet arrêt les unes avec les autres, et avec les anciens réglemens.

L'article 5 du titre 11 de la loi du 24 août 1790, porte : « Les contraventions à la police ne pourront être punies que de l'une de ces deux peines, ou de la condamnation à une amende pécuniaire, ou de

____
[1] Denevers, *Arrêt du 3 octobre 1823, p. 1, p. 479.*

l'emprisonnement par forme de correction, pour un temps qui ne pourra excéder trois jours dans les campagnes, et huit jours dans les villes, dans les cas les plus graves. »

Il faut rapprocher de cet article les articles 600 et 606 du Code du 3 brumaire an IV.

L'article 600 porte :« Les peines de simple police sont celles qui consistent dans une amende de la valeur de trois journées de travail ou au-dessous, ou dans un emprisonnement qui n'excède pas trois jours. Elles se prononcent par les tribunaux de police. » L'article 606 est ainsi conçu : « Le tribunal de police gradue, selon les circonstances et le plus ou moins de gravité du délit, les peines qu'il est chargé de prononcer, sans néanmoins qu'elles puissent, en aucun cas, ni être au-dessous d'une amende de la valeur d'une journée de travail ou d'un jour d'emprisonnement, ni s'élever au-dessus de la valeur de trois journées de travail ou de trois jours d'emprisonnement. »

Les anciens réglemens concernant les femmes publiques et les lieux de débauche doivent recevoir exécution, pour les cas non réglés par de nouveaux arrêtés du pouvoir municipal, ou qui n'ont pas été prévus d'une manière expresse par les lois nouvelles, sans que le défaut d'application pendant un long espace de temps puisse les faire regarder comme abolis.

Cette jurisprudence, quoiqu'elle présente l'avantage de ramener à exécution des réglemens d'une utilité évidente, est fausse et vicieuse en ce qu'elle exhume, pour ainsi dire, des dispositions tombées dans l'oubli, et qu'il n'appartient de faire revivre qu'au législateur, ou aux fonctionnaires auxquels il a délégué des pouvoirs suffisans pour en faire d'analogues.

Les dangers de la maladie vénérienne ont donné lieu à des mesures de précaution de la part de l'autorité. Examinons si elles produisent le bien qu'on s'est proposé en les adoptant, ou plutôt si elles ne sont pas susceptibles d'extension et de perfectionnement.

Dans quelques localités, on procède à la visite des filles et femmes publiques une ou deux fois par mois ; dans d'autres endroits, on la fait trois fois par mois. Il est d'usage que ces demoiselles se rendent dans l'une des salles de la mairie du lieu de leur domicile ou résidence, aux jours fixés pour cette revue médicale. Celles qui manquent à l'appel sont punies par la prison. Vérification faite, les femmes malades sont retenues pour être menées de nuit à l'hôpital; celles qui se trouvent en état de santé sont rendues à la liberté.

Les femmes arrêtées hors du chef-lieu du département demeurent en état d'arrestation, jusqu'à ce qu'une autorisation du préfet permette de les conduire sous bonne escorte à l'hôpital général.

Dans la plupart des villes de France on ne fait pas d'inspections régulières ou périodiques. Les voyageuses, visitées à leur arrivée, prolongent leur sejour, sans qu'on ait le soin de renouveler la visite.

Presque partout, les filles publiques domiciliées sont exceptées de ces mesures sanitaires. Presque partout, on apporte beaucoup de négligence dans leur exécution.

Beaucoup d'officiers de police pèchent à cet égard par insouciance ou par paresse; il en est dont l'inactivité a pour principe une idée qu'ils se sont faite de la prétendue bénignité actuelle de la maladie vénérienne, et dont il importe qu'ils soient détrompés.

Je n'ignore pas que de grands médecins ont émis l'opinion, que la violence avec laquelle se manifestait la maladie vénérienne à son apparition en Europe, n'existe plus aujourd'hui, et que cette maladie vieillit et tire à sa fin : ils se fondent sur ce que le virus syphilitique ne s'engendrant pas de lui-même dans cette partie du globe, et se communiquant seulement par le contact, s'affaiblit insensiblement en passant d'un corps dans un autre ; ils ajoutent que la nature du climat, la qualité des alimens et la constitution du sang parmi nous contribuent à l'adoucir, et qu'il est réprimé tous les jours par les remèdes efficaces qu'on emploie. D'autres, tout en reconnaissant qu'il est très-rare aujourd'hui de voir un symptôme vénérien qui soit essentiellement mortel par lui-même, sont loin de penser que le virus ait progressivement perdu de sa force, et encore moins que l'espèce humaine puisse un jour à venir en être tout-à-fait délivrée. Ils disent que la douceur avec laquelle il exerce actuellement ses ravages, n'est qu'apparente, et n'est due qu'à une administration mieux entendue du spécifique mercuriel, qui arrête ordinairement les progrès du mal avant qu'il ait porté son influence sur des organes essentiels à la vie. Ils soutiennent que cette maladie est endémique dans différentes régions de la terre, qui transmettront toujours en Europe par le commerce une nouvelle dose de virus, capable de la renouveler lorsqu'elle serait sur son déclin. Un fait sur lequel ils sont tous d'accord, c'est que le virus négligé se fortifie, acquiert le dernier degré de virulence et produit les plus funestes effets [1]. Voici comment s'expriment à ce sujet MM. Cullerier et Bard, dans l'article *Syphilis* du Dictionnaire des sciences médicales.

« Ce qu'ont dit les médecins sur la diminution de la syphilis n'est pas exact. Si, en général, la maladie est moins grave, en

[1] Swédian , *Traité complet des Malad. vénérien.,* chap. 2, p. 112, édit. de 1817.

compensation elle est plus multipliée. Mais ce n'est pas par sa nature qu'elle est moins grave, car les malades abandonnés à eux-mêmes, livrés aux charlatans, éprouvent au bout de quelque temps des symptômes qui représentent absolument ceux décrits par les premiers auteurs, soit pour l'épaisseur des pustules, soit pour la profondeur des chancres, soit pour les douleurs déchirantes, soit pour la destruction de quelques organes.

» Les médecins qui ont vu avec quelque attention les hôpitaux de vénériens, ne croient pas à l'affaiblissement direct du virus. La maladie est très-rarement grave, parce qu'on ne lui donne pas le temps de faire des progrès. »

M. Lagneau [1] témoigne avoir vu dans l'hôpital des vénériens de Paris plusieurs filles qui étaient traitées pour la dixième, la douzième et jusqu'à la dix-septième fois. Les différentes infections s'étaient succédées avec tant de rapidité qu'elles n'avaient pas eu le temps de ruiner la consti-

[1] *Traité des Malad. vénérien.*, sect. 6, p. 150.

tution; il a observé aussi que beaucoup
d'autres individus devaient à cette affection
négligée ou mal traitée la décrépitude prématurée et le hideux marasme auxquels ils
succombaient.

Il est donc reconnu que la maladie vénérienne ne tue plus guère, mais qu'elle es-
tropie, qu'elle abrége une existence qu'on a
péniblement traînée au milieu des infirmi-
tés, des souffrances et des regrets. Et si l'on
considère que cette maladie est une de celles
qui affectent continuellement un plus grand
nombre d'individus; que les hôpitaux civils
et militaires sont encombrés de vénériens;
qu'elle interrompt dans leurs travaux et
plonge dans le besoin une foule d'ouvriers
qui ne tirent leurs moyens de subsistance
que de leurs occupations journalières; que
la femme la plus chaste peut être em-
poisonnée; que trop souvent de malheureux
enfans en puisent le germe dévastateur dans
le sein de leurs mères; que les femmes publiques en étant presque toutes infectées,
la prostitution contribue principalement et
sans relâche à la propager dans toutes les
classes de la société; on sentira aisément

combien il importe que les autorités locales usent de vigilance pour limiter cette contagion.

Des visites fréquentes, régulières, rigides, en borneraient les ravages, en diminuant le nombre des victimes.

Elles doivent êtres communes aux filles domiciliées, à toutes personnes sans distinction, dès qu'il est notoire qu'elles se livrent à la prostitution.

Dans une des villes d'Italie, à Florence, un médecin et un chirurgien fiscaux, préposés à l'examen des cas de suicide, d'empoisonnement et des autres questions de médecine légale, sont chargés en même temps de l'inspection des filles publiques, à laquelle ils procèdent tous les dix jours.

Dans quelques villes d'Allemagne, on les visite assez régulièrement. Le médecin inspecteur inscrit le jour de sa visite sur des carnets qu'on les oblige à tenir, et qu'elles représentent aux personnes qui vont les voir.

Dans les grandes villes de France, des gens de l'art sont également commis pour cette opération, et sont salariés par les municipalités. Cette institution de police médicale est négligée dans les autres villes moins considérables; et dans celles où elle existe, elle est trop mal dirigée pour produire des résultats satisfaisans. Il faudrait qu'elle fût généralement admise, et qu'au lieu de réduire un médecin ou un officier de santé à recevoir son salaire de la femme qu'il visite, ainsi que cela se pratique ordinairement, les municipalités affectassent une somme pour traitement, en interdisant la faculté de rien exiger des femmes publiques. De cette manière, on aurait des hommes entendus, attentifs à leurs devoirs, assez délicats pour ne pas les trahir : l'argent qu'on leur donnerait ne serait point à regretter; très-certainement on trouverait dans les budgets des communes des dépenses d'une nécessité moins évidente.

Plusieurs départemens sont privés d'hôpitaux où l'on reçoive les femmes publiques atteintes de la maladie vénérienne; et comme la plupart de ces malheureuses manquent de moyens pécuniaires pour faire des remèdes, et que d'un autre côté, l'incurie de

la police leur permet de continuer leur mauvais commerce, je laisse à juger des conséquences d'un tel état de choses. Un admi-
nistrateur éclairé a exprimé le vœu que le
gouvernement accordât des fonds, en pareil cas, pour le transport et le séjour des
femmes malades dans les hôpitaux des départemens voisins [1]. Il faut espérer que le
gouvernement fera droit à une si juste récla-
mation. Il est tout à la fois de son intérêt et
de son devoir de préserver, autant que possible, la population de tout ce qui peut com-
promettre son état sanitaire.

Il serait à désirer encore qu'à l'imitation
de l'hôpital des vénériens de Paris, les hôpitaux de province où l'on admet ces sortes
de malades, fissent un traitement externe et
gratuit. Cette mesure serait favorable à la
classe indigente; et les prostituées, qu'on est
forcé de ne pas admettre, faute de place,
seraient traitées à domicile sous la surveillance de la police. Elles auraient du moins
ce qu'elles ne peuvent souvent se procurer,
des conseils et des remèdes.

[1] *Statistiq. du départ. de l'Aude,* par M. le baron
Trouvé, t. II, liv. IV, chap. IX, p. 411.

En général, la crainte d'être arrêtées, la honte d'être conduites par la gendarmerie de brigade en brigade, les désagrémens qu'on éprouve dans les hôpitaux, portent les prostituées à cacher leur état de maladie et à se soustraire aux recherches de la police. Abréger, après leur guérison, la captivité de celles qui se seraient présentées d'elles-mêmes; retenir plus long-temps celles qui ne seraient entrées que sous le poids d'un mandat d'arrêt: voilà des moyens assez simples d'obvier à cet inconvénient.

S'il se trouve des personnes dont les principes austères soient blessés des mesures que pratique la police et de celles que je conseille dans l'intérêt de la santé publique, je les prierai de bien réfléchir avant de désapprouver. Je leur apprendrai que des médecins estimables n'ont pas craint de désigner formellement, dans un ouvrage très-répandu, le préservatif qu'ils jugent le meilleur contre la maladie vénérienne, au risque d'être accusés de favoriser le libertinage et d'encourir le blâme de moralistes moroses et rigides. J'emploierai pour ma justification propre les raisons par lesquelles ils repoussent les re—

proches qu'on croirait pouvoir leur adres-
ser. « Si on écoutait ces faux dévots, disent-
ils, il faudrait aussi abandonner les malades
et les laisser en proie à leurs ulcères ron-
geans, à leurs douleurs atroces; il faudrait
renoncer à sauver leurs organes menacés de
destruction. Sans doute, il y a un grand
nombre de filles débauchées, d'hommes libertins; mais aussi, combien de femmes
sont les victimes de l'inconduite de leurs
maris! Combien de jeunes personnes ont
succombé par faiblesse, par inexpérience,
par séduction, par besoin! Il y a des choses
qui révoltent au premier aspect, mais que
la réflexion adoucit et rend supportables.
Les *maisons publiques* sont tolérées, sont
organisées par les autorités, par les gouvernemens pour éviter la séduction des femmes
honnêtes. Si ces maisons sont permises, il
est donc prudent de chercher, d'indiquer
les moyens de préserver le corps quand le
cœur est entraîné [1]. »

Plusieurs écrivains ont recherché les

[1] *Dictionn. des Sciences médic.*, t. LIV, *verbo* Syphilis, p. 149.

moyens de prévenir les malheurs, d'éviter les inconvéniens physiques et moraux qu'entraîne la prostitution.

Rétif de la Bretonne, écrivain cynique et bizarre, et l'un des plus singuliers réformateurs qu'ait produits le dix-huitième siècle, consacra à l'exposition d'un projet de réglement pour les prostituées un de ses nombreux volumes, qui renferme des notes aussi curieuses qu'étendues sur l'état de la prostitution chez les peuples anciens et modernes. Il proposa d'établir des maisons où toutes les filles publiques auraient été forcées de se rendre, sous peine de punition corporelle, et d'où elles n'auraient pu sortir qu'après avoir donné des preuves d'une conversion sincère. L'administration en aurait été confiée à des hommes probes et revêtus de quelque fonction publique. Ces parthénions se seraient ensuite recrutés des filles et des femmes mariées qui se seraient présentées d'elles-mêmes. Les parens auraient pu y conduire leurs filles; mais ils n'auraient pas eu le droit de les en retirer contre leur gré; un mari n'aurait plus été le maître de réclamer son épouse : ces maisons auraient

été des asiles inviolables. Les enfans de l'un
et de l'autre sexe, provenant du commerce
des sœurs faciles, auraient été élevés avec
le plus grand soin et seraient devenus des
serviteurs de la patrie. Je passe sous silence
les autres particularités de ce plan qui fut
présenté comme un moyen infaillible d'a-
néantir les dangers de la prostitution, de
retrancher le scandale qu'elle occasione au
milieu de la société, et d'extirper la maladie vénérienne. Il devait, en outre, produire de grands avantages, c'est-à-dire
une augmentation de population, un gain
de quelques millions pour le gouvernement et une amélioration sensible dans les
mœurs.

Il ne manque qu'une chose à cette belle
utopie, c'est le sens commun. L'exposer, c'est
presque en démontrer l'inconséquence, le
ridicule et l'immoralité.

Y aurait-il de la justice, de l'humanité à
priver de la liberté les femmes publiques,
à les condamner à un emprisonnement indéterminé, pour punir une inconduite qui
n'est passible que du mépris de la société ?
Peut-on se faire à l'idée que des parens pus-

sent trafiquer librement et sous la protection des lois, de l'innocence de leurs enfans?
qu'un mari fût privé de la magistrature domestique qui lui est déférée pour le bonheur de sa famille, et ne pût mettre obstacle à l'adultère de sa femme? Une grande
population est-elle toujours un bien? Quand
on voudrait en faire absolument le thermo-
mètre de la prospérité d'un pays, il ne serait
pas besoin, pour l'accroître, de favoriser,
de mettre en régie la débauche publique.
Les conjonctions illicites ne peuplent que
trop les hôpitaux; le nombre des naissances
illégitimes et des enfans trouvés augmente
en Europe dans une effrayante progression,
qui n'est propre qu'à multiplier celui des
fainéans, des prolétaires, des vagabonds et
des malfaiteurs. Dans la capitale de la France,
les naissances s'élèvent à 24,000; et dans ce
nombre se trouvent compris près de 9000
enfans nés hors mariage, dont plus de 4000
voient le jour dans les hôpitaux.

Il est vrai que plusieurs souverains de l'Europe se plurent, dans des temps reculés, à
introduire la discipline dans les lieux de débauche et à en faire des espèces de couvens.

Mais les institutions des temps barbares ne sauraient convenir aux âges de la civilisation ; elles peuvent se prolonger au milieu des progrès des lumières [1] ; la raison proteste contre leur existence et parvient à les proscrire. Ce n'est pas que, quand un abus est indestructible, il ne soit d'une saine politique d'apporter un certain ordre au sein même du désordre ; il y a loin de-là à un système qui tendrait à le légitimer. La débauche publique doit être tolérée, surveillée, réglée jusqu'à un certain point ; elle ne doit pas être une institution civile. Donner au vice toutes les facultés de se satisfaire, ce n'est pas seulement le favoriser, c'est l'encourager ; c'est blesser tous les principes de la morale ; et les gouvernemens en doivent aux peuples les premières leçons.

Pour que l'exécution du projet en question pût opérer l'extinction de la maladie

[1] M. Fodéré, dans l'article *Maisons publiques* du *Dictionnaire des Sciences médicales*, t. XXX, p. 46, prétend avoir trouvé en 1785, à l'île de Malte, une institution régie par des réglemens pareils à ceux de la reine Jeanne de Naples, à la différence d'un impôt dont il n'est pas question dans ceux de cette princesse.

vénérienne, il faudrait que les femmes publiques en fussent seules infectées.

Dans le même but, on proposa d'établir dans les communes, et à leurs frais, des maisons de santé où les personnes qui en seraient atteintes devraient se rendre au plus vite, sous peine d'amende, du fouet, et même de mort, selon la condition des personnes et les circonstances.

Dans un ouvrage intitulé la *Cacomonade*, publié en 1767, l'avocat Linguet, traitant la chose comme une affaire de contrebande, émit l'idée d'établir aux portes de chaque ville et sur les frontières du royaume des personnes expertes pour visiter les entrans et les envoyer, si le cas l'exigeait, dans des maisons de restauration.

Certains moralistes voudraient qu'on convertît tous les *parthénions* en académies de jeu, en maisons de prêt sur gages.

D'autres ont parlé d'assujettir les vieux garçons et les vieilles filles à une contribution publique; d'abolir le célibat des soldats qu'ils pensent que le mariage rendrait d'ailleurs plus courageux et plus attachés à leur pays.

Il en est enfin qui voudraient qu'on obligeât les prostituées à porter, comme autrefois, un voile ou tout autre signe distinctif.

Il serait trop long et inutile de rapporter tous les projets saugrenus, tous les systèmes extravagans qu'ont fait éclore sur ce sujet l'esprit de réforme, la manie de la singularité, et même l'amour du bien public. A peine, au milieu de beaucoup d'erreurs ou d'idées impraticables, découvre-t-on quelques vues sages, quelques propositions raisonnables.

Je rangerai dans cette dernière catégorie les faveurs à accorder aux unions légitimes; encourager les mariages, c'est travailler à améliorer les mœurs; plus il y aura de gens mariés, moins il y aura de filles publiques.

J'y comprendrais volontiers l'idée de faire revivre les mariages de la *main gauche*, s'ils n'étaient repoussés par nos mœurs.

Tout le monde est d'accord sur les convenances morales qui commandent à l'autorité d'assigner dans nos théâtres une place particulière à des femmes qui n'en ont au-

cune dans la société. Il est contre la bienséance et la pudeur publique que d'honnêtes femmes, des mères de famille, que de
jeunes personnes élevées dans les principes
de la vertu la plus pure, soient confondues
aux regards du public avec des prostituées,
et soient exposées à des méprises aussi fâcheuses qu'indécentes. Pourquoi, dans la
capitale, ne règne-t-il pas, à cet égard,
l'ordre qui s'observe dans nos villes de province? Objectera-t-on la difficulté de l'y établir? Il en existe sans doute; mais la police,
si exacte à taxer les prostituées, pourrait
l'être à les expulser des places qu'elles ne
doivent pas occuper. Ses agens n'ont-ils des
yeux que pour l'argent qu'ils retirent de ces
demoiselles?

L'affectation aux prostituées d'un costume
particulier, bannie de nos usages, ne doit
pas plus y reparaître que la peine du fouet.
C'est aller contre le but des peines, que
d'en établir dont l'exécution entraîne plus
de scandale qu'il n'en résulte des faits mêmes qu'elles ont pour objet de prévenir ou
de réprimer.

Répandues, disséminées dans tous les

quartiers des villes, établies dans les rues les
plus populeuses, mêlées avec le reste des
citoyens, s'affichant avec impudence, les
femmes publiques sont, sous ce rapport, des
objets de scandale et de démoralisation. L'é-
légance de leur parure, leur vie oisive, sont
pour de jeunes filles honnêtes, pauvres et
laborieuses, des points de comparaison funestes à leur vertu : on voit souvent ce qui
se passe dans les demeures des prostituées,
et le spectacle du vice est contagieux. L'innocence, que n'auraient fait qu'ébranler le
goût de la parure, l'appât du gain, les exi-
gences du tempérament et l'exemple même
de la débauche, consomme sa perte par les
facilités qu'elle trouve dans la dispersion des
lieux de prostitution. Qu'y aurait-il de ridicule et d'inexécutable à assigner des quartiers particuliers dans les villes aux repaires
de la débauche et à ses suppôts [1]; à défen-

---

[1] C'est ce que prescrit formellement le Code prus-
sien, qui règle d'ailleurs avec une certaine étendue la
police concernant la débauche publique. J'en rappor-
terai ici les dispositions les plus remarquables pour
mettre le lecteur à même de comparer cette législation
avec la nôtre.

dre par des réglemens de police que les prostituées se montrassent pendant le jour? L'adoption de ces mesures serait sans dangers, et préviendrait ceux que je viens de

Art. 999. Les femmes de mauvaise vie qui font trafic de leur corps, doivent se retirer dans les lieux de débauche tolérés sous l'autorité et la surveillance publiques.

1000. Ces maisons de débauche doivent être tolérées seulement dans les grandes villes populeuses, et reléguées loin des rues et voies publiques.

1001. Mais même en ces lieux, nul ne doit en établir sans l'autorisation expresse du magistrat de police, sous peine de détention d'une à deux années dans une maison de force.

1002. Le magistrat chargé de la police exercera une surveillance continuelle et la plus rigoureuse sur ces maisons de débauche; il les visitera souvent, accompagné d'un médecin, et donnera tous ses soins à prévenir les progrès du mal vénérien.

1003. Il ne permettra pas non plus, dans de telles maisons, le débit de boissons propres à enivrer.

1004. Ceux ou celles qui tiennent ces maisons, n'y pourront admettre aucune femme à l'insu et sans la permission du magistrat de police, sous peine d'une amende de cinquante écus pour chaque contravention à cette disposition.

1005. Si une personne innocente a été conduite dans une maison de débauche par ruse ou violence, au

signaler. Sans donner une existence légale
à la prostitution ; sans priver absolument de
leur liberté les femmes qui s'y livrent; en se
contentant de les resserrer dans des localités

su et du consentement du maître du lieu ; celui-ci doit
subir l'exposition publique, et la peine de détention
dans une maison de force pendant six à dix années ,
avec la condamnation au fouet lors de l'entrée et de la
sortie.

1006. En outre , ces sortes de contrevenans ne peuvent jamais être autorisés par la suite, sous quelque
prétexte que ce soit, à faire le même métier.

1007. Les femmes en âge de minorité ne doivent
point être reçues dans les lieux de débauche ; si cela a
été fait sans que le magistrat de police en ait été instruit, ou contre sa défense, celui ou celle qui tient la
maison doit être condamné à la réclusion dans un fort
ou dans une maison correctionnelle pendant une jusqu'à deux années.

1013. Si une femme se trouve infectée du mal vénérien dans une maison de débauche, la maîtresse de
ce lieu doit en informer incontinent le magistrat de
police , et, d'après ses ordres, prendre les mesures convenables pour la guérir et pour empêcher la contagion.

1014. Si elle ne le fait pas , elle encourt pour la
première fois la prison pendant trois mois, et, en cas
de récidive, la détention dans une maison correctionnelle pendant six mois, avec condamnation au fouet
à l'entrée et à la sortie.

fixes, dans les limites desquelles serait res-
treint l'exercice de leur métier, on obtien-
drait encore plusieurs autres avantages. On
se procurerait les moyens d'une surveillance

1015. Si la personne attaquée du mal vénérien a
célé sa maladie, et par-là donné lieu à sa communi-
cation, elle doit subir une détention de six mois à un
an dans une maison correctionnelle, et en outre la
condamnation au fouet lors de l'entrée et de la sortie.

1016. En général, le magistrat de police emploiera
tous ses soins et sa surveillance à l'effet qu'il soit pris
des mesures pour arrêter les progrès de la contagion
vénérienne.

1017. S'il se commet dans la maison de débauche
des vols, des rixes et autres délits, le maître du lieu
est toujours tenu d'indemniser l'offensé, lorsque celui-
ci ne peut pas être indemnisé autrement.

1018. Toujours encore le soupçon de complicitté
l'atteint, tant que le contraire n'est pas prouvé.

1019. Si les maîtres du lieu de débauche n'ont pas
pris toutes les mesures nécessaires pour prévenir de
tels délits, ils doivent subir, en raison du degré de lla
faute qui leur est imputable, une amende ou une peine
corporelle.

1020. Il ne faut interdire ni rendre difficile la sortie de la maison de débauche à aucune femme qui,
après y avoir été jusque-là, désire changer de genre
de vie et pourvoir à sa subsistance par des voies honnêtes.

plus prompte et plus commode ; on éviterait les viols, les larcins, les assassinats qui se commettent assez fréquemment dans les lieux de prostitution ; les scènes de débauche, de désordre et de tapage qui s'y passent, seraient d'autant plus rares qu'elles seraient

1021. Le maître du lieu ne peut la retenir sous prétexte d'argent prêté ou pour d'autres dettes ; et s'il le fait, il encourt la perte de sa créance.

1022. Tout ce qui est prescrit de l'article 1000 à 1021 s'applique également aux maîtres et aux maîtresses des lieux de débauche.

1023. Les femmes qui font métier de prostitution, sans s'être placées sous la surveillance de la police, doivent être arrêtées et condamnées pour trois mois aux travaux correctionnels.

1024. Celles qui ont subi leur peine, doivent être envoyées dans des maisons de travail, et y être gardées jusqu'à ce qu'elles aient la volonté et qu'elles trouvent l'occasion de pourvoir à leur subsistance par des moyens honnêtes.

1025. Néanmoins ces mêmes personnes qui auraient encouru la peine portée articles 1023 et 1024, en obtiendront la remise, si elles font connaître leur grossesse, conformément aux lois, etc.....

(*Code général pour les États prussiens,*
11ᵉ part., tit. XX, sect. XII, *des délits charnels.*)

plus facilement connues et réprimées; la pudeur publique aurait moins à souffrir de l'impure grossièreté du langage des prostituées, du scandale de leurs querelles, de l'indécence qui règne dans leurs vêtemens et dans leurs manières; on ne serait pas aussi souvent exposé à leurs invitations effrontées. La mère de famille, la jeune fille, pourraient se retirer le soir sans risquer d'être accostées grossièrement par des hommes qui, dans l'obscurité, les confondent avec ces misérables. Les visites médicales prendraient moins de temps, donneraient moins de peine et pourraient se faire exactement; enfin l'autorité serait à même de vérifier aisément si les préposés de la police ne négligeraient point les devoirs qui leur seraient imposés.

On ne peut se dissimuler que le luxe qu'étale la classe nombreuse des filles entretenues, l'espèce de considération dont elles jouissent, et leur exemption des rigueurs de la police, empêcheraient une partie du bien que pourrait opérer cette réforme salutaire; celui qu'on peut s'en promettre serait assez grand et doit suffire pour déterminer un gouvernement sage à l'adopter.

Les motifs par lesquels on l'a combattue sont plus spécieux que solides. On a allégué le grand nombre des prostituées, surtout dans nos villes du premier ordre; j'oppose une volonté sincère de faire le bien, les ressources d'une bonne police, la multitude de ses agens.

On a prétendu qu'en reléguant les femmes publiques dans des rues et des quartiers séparés, on établirait autant de foyers de corruption, dont l'intensité serait par-là augmentée. Mais les lieux de débauche existent, et ce ne sont pas des écoles de mœurs; ils sont nombreux, au point que dans nos villes il n'est pas pour ainsi dire de rue, de carrefour, de place publique qui n'ait le sien; et un tel voisinage est un sujet d'alarme, de trouble et de scandale pour les honnêtes gens! Concentrez la prostitution; c'est le plus sûr garant que puissent recevoir la morale publique, la sûreté et la santé des citoyens contre les dangers qu'elle présente.

Dans quelques villes, les femmes publiques habitent les mêmes rues qui de tout temps furent assignées à leurs devancières;

indice certain qu'on parviendrait à généra-
liser cet usage, malgré les obstacles que
pourraient opposer d'abord le préjugé, une
indifférence systématique et l'habitude d'une
longue licence.

Les refuges abolis par les lois de la révolution ont été rétablis. Le décret du 30 septembre 1807 qui les autorisa, et les dispositions du Code civil sur la puissance paternelle prescrivent des précautions propres à
prévenir les abus qui avaient décrédité ces
établissemens, et qui en déterminèrent la
suppression. L'article premier des statuts exprime que les sœurs de Notre-Dame de la
Charité du Refuge ont pour fin de ramener
aux bonnes mœurs, aux vertus chrétiennes
et à l'amour d'une vie laborieuse, les personnes de leur sexe qui s'en seraient
écartées.

L'article 3 du décret précité porte qu'elles ne peuvent recevoir dans leurs maisons
que les personnes soumises à l'autorité de la
police et qui y seront envoyées par ses ordres, ou qui seront envoyées par les pères
ou conseils de famille dans les formes établies
par le Code civil.

L'article 4 enjoint aux préfets, sous-préfets, maires, aux procureurs du roi et à leurs substituts, de faire, chacun tous les trois mois, une visite dans ces maisons, de se faire représenter les registres dûment cotés et paraphés, où doivent être inscrits les noms, prénoms, âge et domicile des personnes reçues, de même que ceux des pères et des personnes composant les conseils de famille qui les y auront fait placer; d'entendre, même en particulier si elles le demandent, toutes les personnes qui y sont; de recevoir leurs réclamations, et de veiller à ce qu'il y soit fait droit, conformément aux lois. Le même article donne aux procureurs-généraux le droit de faire des visites, toutes les fois qu'ils le jugeront convenable.

L'utilité de ces maisons de correction est incontestable; il n'y a qu'à les multiplier, qu'à les établir partout où elles seraient nécessaires.

J'en dirai autant des maisons de pénitence volontaire qu'un esprit de sagesse a également relevées. Ce ne sont plus des prisons, mais des retraites ouvertes au repentir, des asiles destinés à faciliter un heureux retour à la vertu. Une fois lancées dans la carrière du vice, par quel autre moyen les suppôts de la débauche pourraient-ils en sortir? Êtres divorcés avec la pudeur, plongés dans une audacieuse infamie, devenus les objets du mépris public, avilis à leurs propres yeux, abandonnés de leurs parens, et ne pouvant plus gagner leur vie par des voies honnêtes, l'indigence et l'opprobre les forceraient à persévérer dans leur inconduite et leurs débordemens. Repoussées par la société, ces malheureuses trouvent, au sein de la religion, des secours et des consolations.

Je recommanderai à la sollicitude des magistrats, à la bienfaisance publique, ces établissemens charitables où des orphelines, de jeunes filles pauvres, reçoivent une instruction chrétienne, sont exercées dans les travaux convenables à leur sexe, apprennent un métier plus précieux pour elles qu'une dot. Si l'oisiveté et la misère sont l'écueil de la vertu, le travail et les ressources qu'il procure en sont les soutiens.

C'est par les mêmes motifs qu'il conviendrait de réaliser le plan, conçu par un généreux philantrope, de ces maisons d'association, dans lesquelles on recevrait, moyennant une petite rétribution, un certain nombre de filles qui sont en état de domesticité, toutes les fois qu'elles se trouveraient hors de condition. Le besoin, je le répète, est une cause active de déréglement, une source féconde de prostitution. C'est en favorisant de pareilles institutions qu'on parviendrait à diminuer le nombre des victimes de la débauche publique.

Tels sont les moyens qu'il me paraît qu'on peut employer avec quelque succès contre ce fléau de la société, sinon pour couper la racine au mal, du moins pour en diminuer les funestes effets.

Quelques mesures qu'on croie devoir adopter, il importe qu'elles soient généralement admises dans toute l'étendue du royaume; et c'est au gouvernement qu'il appartient d'en commander et d'en diriger l'exécution. L'inapplication dans quelques villes d'un nouveau régime quelconque en entraînerait tôt ou tard l'inobservation dans celles où il aurait été introduit. On a fait à l'ancienne police de Paris le reproche, que sa négligence sur quelques points faisait qu'il n'y avait point de police dans le royaume. Les femmes publiques, gênées dans les villes de province, se réfugiaient à Paris qui était pour elles le séjour de la liberté; c'est-à-dire, où elles étaient moins persécutées qu'ailleurs.

Mais, les moyens dont je viens de parler ne sont pas les seuls qu'on puisse mettre en usage : il en est d'autres dont l'action, quoique plus éloignée, n'est pas moins effective. En signalant les causes primitives et générales de l'abus de la débauche publique, j'en ai suffisamment indiqué les grands correctifs. C'est de la conduite des cours, de la morale des gouvernemens, de la direction qu'ils impriment à leur politique, même aux affaires de la religion, que dépendent la moralité des peuples, la plus grande intensité ou la modération des vices de l'état social.

Des jurisconsultes célèbres se sont appliqués à signaler les lacunes et les besoins de notre législation en matière criminelle. La nécessité d'une révision est généralement sentie. Un jour, sans doute, la pensée du législateur s'arrêtera de nouveau sur les lois

qui concernent la débauche publique. Ce
sera le cas de réparer les omissions qui existent, de remplacer par des dispositions de
détail une énonciation vague de principes
généraux, qui prête beaucoup trop à l'arbitraire, à la négligence et à la diversité des mesures administratives, et d'établir un système uniforme de direction, de surveillance
et de pénalité. En attendant, c'est par des
mesures générales qu'il convient d'introduire plus d'ordre et de régularité.

Je ne prétends point m'ériger en réformateur; je propose humblement quelques
idées; elles naissaient de mon sujet. J'ai
voulu exposer l'état de la législation française sur la débauche publique aux différentes époques de la monarchie : d'autres
l'auraient fait avec talent; j'ai tâché de suppléer à ce mérite par celui d'une exacte fi-
délité. J'ai pensé que ce tableau ne serait
pas sans effet; il n'est pas indigne des regards de la vertu; il appelle dans cette bran-
che essentielle de la police les méditations
du philosophe et du législateur. Il existait
sans doute, mais incomplet et surchargé
d'ombres trop mensongères, et devait être

reproduit avec les traits et les détails convenables dans un siècle où la science des
faits est reconnue la route la plus sûre pour
arriver aux améliorations sociales, comme à
la découverte de la vérité ; où les matières
d'intérêt public trouvent de nombreux adep-
tes dans les différentes classes des citoyens,
et d'ailleurs pour servir d'aliment au zèle
extraordinaire que certains hommes font
éclater de nos jours en faveur de la religion
et de la morale. Si cet ouvrage inspire quelques vues utiles, s'il amène quelque heu-
reuse réforme, s'il est l'occasion de quelque
bien, mon but sera atteint, mes vœux seront
accomplis.

FIN.

TABLE.